Curador / *Curator*
Ronaldo Bastos

Coordenação editorial / *Editorial coordination*
André Carrano Matias
Beto Martins
Leonel Pereda
Lula Freitas
Ronaldo Bastos

Projeto gráfico / *Graphic design*
Beto Martins
Gabriela Rocha

Produção executiva / *Executive production*
Andréa Blum
Gabriel Kuhlmann
Marcela Boechat

Assistentes de produção / *Production assistants*
Bebel Brant
Eduardo Pascottini

Textos / *Texts*
Antonio Carlos Miguel
Arthur Dapieve
Rico Lins
Washington Olivetto

Revisão de texto / *Proofreading*
André Telles
Andréa Blum

Tradução / *Translation*
Colin Foulkes

CD compilado por / *CD compiled by*
Leonel Pereda

Assessoria jurídica / *Legal advice*
Sydney Sanches
Jennifer Santos

Captação de recursos / *Fundraising*
ID Cultural

Impressão e acabamento / *Print and finishing*
Geográfica

Jorge Zahar Editor Ltda.
rua Marquês de S. Vicente 99 – 1º | 22451-041 Rio de Janeiro, RJ
tel (21) 2529-4750 | fax (21) 2529-4787
editora@zahar.com.br | www.zahar.com.br

CIP-Brasil. Catalogação na publicação
Sindicato Nacional dos Editores de Livros, RJ

Bastos, Ronaldo
B33o Onda infinita. Waves of timeless modern sounds and design/Ronaldo Bastos; tradução Colin Foulkes. – 1.ed. – Rio de Janeiro: Zahar, 2013.
il.

Título e texto em português e inglês
ISBN 978-85-378-1157-3

1. Música. 2. Música – História e crítica – Brasil. I. Título.

CDD: 780
13-06437 CDU: 78

PRODUÇÃO

CAPTAÇÃO DE RECURSOS

PATROCÍNIO

Álamo

DUBAS

Bebel Brant

Eduardo Pascottini

Leonel Pereda

Marcela Boechat

Rodrigo Ferdinand

Ronaldo Bastos

Vicente Bastos Ribeiro

+

6D

Bernardo Vieira

Beto Martins

Bruno Fraga

Emilio Rangel

Lula Freitas

Tola Faria

Dedicado a Cesar G. Villela e João Donato

PINGUE - PONGUE

ARTHUR DAPIEVE

Capas de disco são sinestesia impressa. Por intermédio de fotos, traços e cores, elas despertam outro sentido, antecipando a informação musical que está dentro delas, em microssulcos ou dados digitais. Uma capa – uma boa capa – é indissociável do seu conteúdo. Grandes selos – grandes não necessariamente em poder financeiro e sim pela qualidade de seus lançamentos – se definem também por uma forte identidade visual. O que seria da Blue Note sem as criações de Reid Miles ou da Elenco sem o trabalho de Cesar G. Villela? A música elegante daqueles discos está traduzida em suas capas.

Fundado pelo letrista Ronaldo Bastos em 1993, o selo Dubas mantém desde então uma rara coerência artística, coerência que permite aquela experiência sinestésica primeiro a quem concebe suas capas (sobretudo o pessoal da casa de criação 6D, responsável por quase todas) e depois a quem ouve os CDs de seu catálogo. Se se espalhar os discos da Dubas sobre uma mesa de pingue-pongue, e se eles forem sendo agrupados por associações de imagens, não será surpresa se ao final se descobrir que também foram criadas associações de sons. Afinal, nada ali é casual. Ainda que fossem excluídos os títulos de uma coleção, o que seria um pecado em se tratando de uma ***Revisitados*** ou de uma ***Bossa Nova Lounge***, as capas avulsas formariam frases coloridas e inteligíveis, aqui e ali pontuadas pelas capas escuras de um clássico como *Travessia*, de Milton Nascimento, ou do moderníssimo *Liebe Paradiso*, no qual o produtor Leonel Pereda – diretor artístico do selo – e o engenheiro de som Duda Mello recriaram *Paradiso*, de Ronaldo e Celso Fonseca.

Do mesmo modo que pode parecer estranho à geração mp3 que, num passado nada remoto, as pessoas ouvissem discos físicos enquanto "viajavam" em suas capas, a experiência auditiva se fundindo com a visual, pode parecer estranho a esses velhos consumidores de discos físicos que algum dia não tenham existido capas tal como as conhecemos. No entanto, foi só a partir do trabalho do designer Alex Steinweiss no selo americano Columbia, na virada dos anos 1940 para os anos 1950, que cada disco passou a ser identificado de longe nas prateleiras de uma loja. Antes disso, capas eram apenas envelopes utilitários, padronizados. Depois, viraram parte integrante da obra de arte.

Não é possível, portanto, dissociar as capas da Dubas para expoentes da música negra brasileira – como Elza Soares, Alaíde Costa ou Emílio Santiago – da atitude desafiadora de intérpretes que peitaram o preconceito com música vibrante, poderosa. Não dá para não se enternecer com as expedições a baús de fotos – feitas pelo próprio Ronaldo – de onde emergem capas como as de *Outubro*, que reúne as delicadas composições de Fernando Brant, e de *Todo dia é dia D*, idem com Torquato Neto. Não faz sentido jogar de lado as capas de *Muito à vontade* ou de *A bossa muito moderna de João Donato e seu trio* sem sacar que elas ecoam a espontaneidade do gênio risonho.

Espalhadas sobre aquela hipotética mesa de pingue-pongue, ora transformada no presente livro, as capas da Dubas não só se integram às obras que acomodam, as tornam distintas numa das lojas de discos sobreviventes e encantam por sua graça própria. Elas também sugerem uma espécie de gramática da variada e complexa música popular brasileira, sem as letras maiúsculas que a confinam a um momento específico dos anos 1960. Sugerem uma tabela periódica de elementos essenciais no nosso maior patrimônio artístico, um mapa do tesouro. Vê-las é ouvir baixinho o som do país-continente.

/ PING-PONG

Album covers are printed synesthesia. Through photographs, outlines and colors, they awaken another sense, anticipating the musical information contained in them, in their grooves or digital data. A cover – a good cover – is inseparable from its content. Great labels – not necessarily great in financial power but in quality of releases – are also defined by a strong visual identity. What would Blue Note be without the creations of Reid Miles or Elenco without the work of Cesar G. Villela? The elegant music of those records is translated into their covers.

Founded by lyricist Ronaldo Bastos, in 1993, the Dubas label has maintained a rare artistic coherence; a coherence that allowed that synesthetic experience, first to the conceivers of the covers (especially the staff at creative house 6D, responsible for almost all of them), and later to the listeners of the CDs of its catalog. If Dubas records were scattered over a ping-pong table, and if they were grouped by image association, it would not be surprising to discover that, in the end, sound associations were also created. After all, nothing is by chance. Even if the titles of a collection were excluded – which would be a sin where **Revisitados** *or* **Bossa Nova Lounge** *are considered – the separated covers would form colored and intelligible phrases, here and there punctuated by the dark covers of a classic such as* Travessia, *by Milton Nascimento, or the modern* Liebe Paradiso, *in which the producer Leonel Pereda – artistic director of the label – and the sound engineer Duda Mello recreated* Paradiso, *by Ronaldo Bastos and Celso Fonseca.*

In the same manner that it may seem strange to the mp3 generation that, in a not too distant past, people listened to physical records while they "tripped out" through their covers, the musical experience blending with the visual one, it may seem strange to these old consumers of physical records that in the beginnings of the record industry there were no covers as we know them. It was only from the work of designer Alex Steinweiss at the American label Columbia, at the end of the 1940s and early 1950s, that each record came to be identified from afar on the shelves of a store. Before this, covers were only utilitarian, standardized envelopes. Afterwards, they became an integral part of the work of art.

It is not possible to dissociate Dubas covers for exponents of Brazilian black music – such as Elza Soares, Alaíde Costa or Emílio Santiago – from the challenging attitude of interpreters who undermined the prejudice with powerful and vibrant music. It is not possible not to be moved by the expeditions to the chests of photographs – taken by Ronaldo himself – from where emerged covers such as Outubro, *which gathered together the delicate compositions of Fernando Brant, and* Todo dia é dia D, *the same with Torquato Neto. It does not make sense to throw to one side the covers of* Muito à vontade *or* A bossa muito moderna de João Donato e seu trio *without appreciating that they echo the spontaneity of the laughing genius.*

Spread over that hypothetical ping-pong table, now transformed into this book, the Dubas covers not only integrate the works that they accommodate, but also make them distinct in one of the surviving record stores. They enchant with a charm of their own. They also suggest a grammar of the varied and complex Brazilian popular music, without the capital letters that confine it to a specific time in the 1960s. They suggest a periodic table of the elements that are essential to our greatest artistic heritage; a treasure map. To view them is to quietly hear the sound of Brazil.

ANTONIO CARLOS MIGUEL

OUVIR COM OS **OLHOS**

Sons para ouvir e ver. Esse poderia ser o slogan para definir os discos lançados pela Dubas na última década e meia, numa estética que se impôs já em seus primeiros lances. Musicalmente, é um catálogo diversificado, com novos artistas ou clássicos, reedições de discos fundamentais, coletâneas temáticas, e que em seu passeio por diferentes gêneros propõe um recorte moderno e cosmopolita da música brasileira. Conceito acompanhado pela identidade visual/gráfica de seus discos, fruto da parceria estabelecida com a casa de criação 6D.

Essa é uma concepção que o compositor e produtor Ronaldo Bastos já imprimira em trabalhos anteriores à criação de seu selo, atuando nos anos 70 e 80 como uma espécie de "ideólogo" conceitual e visual de álbuns emblemáticos de Milton Nascimento e outros, ao lado do fotógrafo Cafi e dos artistas gráficos Kélio Rodrigues e Noguchi. Conceito que se completou e ganhou corpo junto ao produtor uruguaio Leonel Pereda na Dubas e à dupla de designers Beto Martins e Emílio Rangel da 6D.

Esse núcleo criativo se expande numa rede que passa pelos compositores, intérpretes, produtores, técnicos e demais envolvidos na criação e edição da música e por artistas plásticos, fotógrafos e designers.

O mesmo se dá com as referências estéticas e culturais de cada projeto: para a série de compilações ***Bossa Nova Lounge*** (atemporal sobrevoo com Antonio Carlos Jobim, João Donato, Eumir Deodato, Baden Powell, Marcos Valle, Walter Wanderley, Quarteto em Cy, Wanda Sá, Joyce, Os Gatos...), por exemplo, a sinuosa paisagem e moderna arquitetura do Rio, incluindo aquelas vistas de seus melhores ângulos, como a do MAC que Oscar Niemeyer pousou em Niterói. Para *Fino coletivo*, o disco de estreia do grupo carioca homônimo, a apropriação (devidamente creditada) da obra de intervenção urbana *Ônibus incendiado*, placa de metal que o artista plástico Guga Ferraz espalhou pelo Rio em 2003. Para outra série, ***Revisitados***, que foca períodos e conceitos de cada artista, uma homenagem a Milton Glaser e seu *portrait* de Bob Dylan, revisitado nos de Maria Bethânia, Chico Buarque, Gilberto Gil, Jorge Ben, Alcione... Para o conjunto de obra reunido na série ***Colecionave***, os retratos dos artistas (Fernando Brant e Torquato Neto) quando jovens. Para as reedições, pontuais intervenções ou correções e cirurgias radicais – caso da capa original do disco de Sergio Mendes & Bossa Rio em 1964, que vira o ponto de exclamação do título *Você ainda não ouviu nada!* na sobrecapa de sua primeira edição em CD, em 2002. Para *Liebe Paradiso*, o disco coletivo de Celso Fonseca, Ronaldo Bastos, Leonel Pereda, Duda Mello e duas dúzias de participações que se alternam, uma foto clicada por Cafi no México décadas antes.

A parceria entre arte gráfica e sonora ganhou força no início dos anos 1950, com os discos em 33 1/3 rotações por minuto. Começava a era dos LPs de vinil com 12" – estes estabeleceram o padrão que vigorou até fins dos anos 80. Selos de jazz da década de 50, como Impulse e especialmente Blue Note, estão entre os pioneiros de uma linha estética definida, muito além do recurso fácil de estampar o retrato do artista na capa.

No Brasil, nos anos 1960, o trabalho do artista gráfico Cesar G. Villela nos discos da bossa nova para as gravadoras Odeon, Philips e Elenco é outra referência decisiva.

Ainda nos anos 60, o design para os discos de rock – com os Beatles na vanguarda, a partir de *Rubber soul* em 1965 e, principalmente, *Sgt. Pepper's Lonely Hearts Club Band* em 1967 – reafirmou o status de arte que o setor atingiu.

De volta ao futuro, além de encontrar a sua identidade, o trabalho desenvolvido por Dubas/6D virou referência. Discos que tocam antes de soar, de uma gravadora que tem estilo e cara. É o que "ouviveremos" nas páginas a seguir.

/ LISTENING WITH YOUR EYES

Sounds to hear and to see. This could be the slogan to define the records released by Dubas in the last decade and a half, in an esthetic that was already imposed in their first releases. Musically, it is a diversified catalog, with new artists or classics, re-editions of fundamental records, and thematic collections. Its excursion into different genres offers a modern and cosmopolitan outline of Brazilian music. The concept is accompanied by the visual/graphic identity of its records; the result of the partnership established with the creative house 6D.

This is a conception that composer and producer Ronaldo Bastos had already imprinted in works before the creation of his label, operating in the 1970s and 1980s as a type of conceptual and visual "ideology" of emblematic albums by Milton Nascimento and others, alongside photographer Cafi and graphic artists Kélio Rodrigues and Noguchi. It is a concept that was made complete and took shape with the Uruguayan producer Leonel Pereda at Dubas and the pair of designers Beto Martins and Emílio Rangel from 6D.

This creative nucleus expanded into a network that included composers, interpreters, producers, technicians and others involved in the creation and in the publishing of music, and artists, photographers and designers as well as the esthetic and cultural references of each project: for the series of compilations **Bossa Nova Lounge** *(an atemporal collection with Antonio Carlos Jobim, João Donato, Eumir Deodato, Baden Powell, Marcos Valle, Walter Wanderley, Quarteto em Cy, Wanda Sá, Joyce, Os Gatos...), for example, the sinuous landscape and modern architecture of Rio, including those seen from their best angles, from the MAC [Contemporary Art Museum] that Oscar Niemeyer landed in Niterói. For* Fino coletivo, *the debut album by the namesake group from Rio de Janeiro, the (duly accredited) appropriation of the work of urban intervention* Ônibus incendiado, *a metal plate that the artist Guga Ferraz displayed in Rio in 2003. For another series,* **Revisitados**, *which focusses on periods and concepts of each artist, a homage to Milton Glaser and his portrait of Bob Dylan, revisited in Maria Bethânia, Chico Buarque, Gilberto Gil, Jorge Ben, Alcione... For the work included in the series* **Colecionave**, *the portraits of the artists (Fernando Brant and Torquato Neto) when young. For the re-editions, precise interventions or corrections and radical surgery – in the case of the original cover of the record by Sergio Mendes & Bossa Rio, in 1964, which became the exclamation mark of the title* Você ainda não ouviu nada! *on the jacket of its first edition on CD, in 2002. For* Liebe Paradiso, *the collective album of Celso Fonseca, Ronaldo Bastos, Leonel Pereda, Duda Mello and two dozen alternating participants, a photograph that Cafi took in Mexico decades before.*

The partnership between the graphic art and sound gained momentum at the beginning of the 1950s, with the 33 1/3 r.p.m. records. The era of 12" vinyl LPs had begun – these established the standard that remained in force until the end of the 1980s. Jazz labels from the 1950s, such as Impulse and especially Blue Note, were among the pioneers of a defined esthetic line, way beyond the easy option of printing the large face of the artist on the cover.

In Brazil, in the 1960s, the work of graphic artist Cesar G. Villela on the bossa nova albums for the record companies Odeon, Philips and Elenco is another decisive reference.

Also in the 1960s, the design for rock albums – with the Beatles in the vanguard, from Rubber Soul *in 1965 and, principally,* Sgt. Pepper's Lonely Hearts Club Band *in 1967 – reaffirmed the status of art that the sector had attained.*

Back to the future, in addition to finding its identity, the work developed by Dubas/6D has become a reference. Albums that play before producing a sound, from a record company that has style and boldness. This is what you will be "hearing and seeing" in the following pages.

BALANÇO E EQUILÍBRIO

RICO LINS

Para Ronaldo Bastos, poeta das letras e imagens, estilo não é só forma mas também conteúdo. Basta olhar para sua atuação múltipla como compositor, produtor e desbravador de poéticas que atua como diretor de arte.

Quando fui diretor de arte da CBS americana, acompanhei de perto o momento de mudanças radicais nas mídias de suporte e comercialização da música. Vinil, CD, cassete e suas variáveis eram formatos simultâneos para qualquer lançamento. A generosa superfície impressa das capas do vinil de 12" perdia rapidamente espaço para minguadas caixinhas de plástico dos CDs e dos cassetes. Era como calar o espaço do sonho e da fantasia, dos quais o projeto gráfico era porta-voz. Além das antológicas capas da Blue Note, das produções de Creed Taylor, tínhamos todo o universo do pop e do R&B. Suas capas com dobras, facas especiais, recursos sofisticados de impressão e acabamento da época – como a polêmica *Sticky Fingers* e outras dos Rolling Stones – coincidiram com o início da MTV. A fantasia se desloca da capa de disco para o videoclipe e se vê confinada em caixinhas de plástico. O sonho acabou. E até que os produtores musicais e designers reinventassem o CD, o vinil virou passado e o digital tomou o espaço do analógico.

Pouco tempo antes, Ronaldo me convidara para cuidar da identidade visual do selo musical independente que iria lançar com amigos. Eu já havia feito algumas capas de discos produzidos por ele e sabia do seu envolvimento com a imagem e a criação das capas em seus detalhes – aliás todos que acompanhavam os refinados lançamentos dos discos do Clube da Esquina sabiam. Como eu viria ao Brasil logo, combinamos deixar tudo armado – eu levando a nova marca e ele encomendando uma super mesa de luz (quem viveu aquela época sabe do que se trata) – para fecharmos as primeiras capas. Atropelados por uma golfada imprevista da crise econômica, a ideia teve que ser adiada e nos restou uma logo inédita e uma mesa de luz maravilhosa. Se a ideia não prosperou na hora, anos depois se concretizou na Dubas com um catálogo de lindos discos criados por Ronaldo e a casa de criação 6D.

A gramática visual da Dubas/6D se faz com elegância, parcimônia de recursos e modernidade. A presença marcante da tipografia condensada e equilibrada, o uso do branco, as cores puras ou chapadas aplicadas às fotos preto-e-branco, os motivos gráficos e geométricos, as silhuetas e as ilustrações digitais são elementos fundamentais para o reconhecimento desse “estilo Dubas”. São as notas que compõem esse catálogo visual e que aproximam os “lounges” e os “jazz” de Emílio Santiago e Elza Soares. *Déjà-vus* de memórias vivas, as capas, banhadas com sopro novo, balanço e equilíbrio, remetem à memória afetiva da música.

Com o humor de *Let's Walter Wanderley*, as ilustrações de Filipe Jardim para os discos de João Donato, as citações estilísticas do Arranco de Varsóvia, a aura de intimidade das fotos com cara de *snapshot* e retratos de família, a Dubas/6D mostra-se versátil e coerente. A capa do Fino Coletivo, por exemplo, saturada por uma profusão de elementos que buscam traduzir o caos urbano (sinais de trânsito, *street art*, molduras decorativas, *op-art*), contrasta vigorosamente com os elegantes mosaicos gráficos, econômicos e harmônicos das coletâneas, como *Jazzsamba - Copacabana*, e, ainda sim, transparece uma unidade. Ao deslocar o título da capa para a lombada, *Liebe Paradiso* é um disco para ter e guardar na coleção – e são vários os motivos: os arranjos, o repertório, a embalagem especial, as fotos, o acabamento do encarte e, mais uma vez, as cores. Sacadas de mestre.

Nomes como Miguel Rio Branco, Antonio Dias e Bob Wolfenson enriquecem a qualidade visual da Dubas.

Num momento em que o disco se desmaterializa em ondas digitais na internet e a indústria fonográfica entra em crise mundial, mais uma vez Dubas/6D nadam contra a corrente e lançam objetos gráficos e sonoros que convidam a serem levados para casa e curtidos conjuntamente: música e imagem mais uma vez se completam e são indissociáveis. Se as capas dão identidade visual ao repertório, a qualidade da música dá unidade à multiplicidade de capas.

A Dubas e a 6D formam juntas uma orquestra que toca jazz, fotografia, samba, cores, rock, tipografia, bossa nova, ilustrações e produz discos fantásticos, no vértice entre a tradição e o futuro.

/ SWING AND BALANCE

For Ronaldo Bastos, a poet of words and images, style is not only form but also content. Just look at his multiple roles as composer, producer and pathfinder of poetic gems who works as an art director.

When I was the art director for the American company CBS, I closely observed the period of radical changes in the support media and commercialization of music. Vinyl, CD, cassette and their varieties were simultaneous formats for any release. The generous printed surface of the 12" vinyl covers rapidly lost ground to the diminutive plastic boxes of CDs and cassettes. It silenced the dream and fantasy where the graphic project was the spokesperson. Beyond the anthological Blue Note covers, and the production of Creed Taylor, we all had the universe of pop and R&B. Their folding covers, special die-cuts, the sophisticated methods of printing and finishing of the time – such as the controversial Sticky Fingers *and other Rolling Stones covers – coincided with the start of MTV. The fantasy shifted from the record cover to the video clip and was confined to small plastic boxes. The dream was over. Until the musical producers and designers reinvent the CD, vinyl is a thing of the past. The digital format has taken the place of the analogical.*

A short time before, Ronaldo had invited me to take care of the visual identity of the independent musical label that he was about to launch with friends. I had already made some album covers produced by him and I was aware of his involvement with the image and the creation of the covers in their details – besides, everybody who was aware of the refined Clube da Esquina releases knew. As I was soon to travel to Brazil, we combined to take care of the required infrastructure so that in this trip everything would be ready – I brought the brand new logo and he ordered a super light table (people around at that time will know what I mean) in order to get the first covers done. However, we were unexpectedly stopped in our tracks by the economic crisis. The idea had to wait until later, but at least we had an exclusive logo and a wonderful light table. Although the idea did not work out at the time, years later it materialized at Dubas with a catalog of beautiful records created by Ronaldo and the creative house 6D.

The visual grammar of Dubas/6D is designed with elegance, a prudent use of resources, and modernity. The striking presence of condensed and balanced typography, the use of white, pure colors applied over black and white photographs, the graphic and geometric motifs, the silhouettes and the digital illustrations, became fundamental elements in the recognition of this "Dubas style". These are the notes that compose this visual catalog and that bring closer the "lounge" series and the "jazz" of Emílio Santiago and Elza Soares. There is a déjà-vu of living memories. The covers produce an emotional memory of music bathed in a new rhythm, swing and balance.

With the humor of Let's Walter Wanderley, *the illustrations of Filipe Jardim for João Donato's albums, the stylistic citations of Arranco de Varsóvia, the aura of intimacy of the photographs that look like snapshots and family portraits, Dubas/6D set a milestone. For example, the Fino Coletivo cover incorporates a multiplicity of resources (road signs, street art, decorative frames, and op-art) translating the urban chaos while, going in the opposite direction but coherent in its approach, the elegant, graphic, economic and harmonic mosaics are a trademark of the compilations, such as* Jazzsamba - Copacabana. *By moving the title from the front cover to the spine,* Liebe Paradiso *is an album to have and to collect – and there are several motifs: the arrangements, the repertoire, the special packaging, the photographs, the finishing of the liner notes and, once again, the colors. The work of a master.*

Names such as Miguel Rio Branco, Antonio Dias and Bob Wolfenson enrich the visual quality of Dubas.

At a time when albums dematerialize into digital waves on the internet and the record industry is in a worldwide crisis, once again Dubas/6D are swimming against the tide and releasing graphic and sonorous objects that ask to be taken home and enjoyed together: music and image once again complement each other and are inseparable. If the covers provide a visual identity to the repertoire, the quality of the music unifies the multiplicity of the covers.

Dubas and 6D together form an orchestra that plays jazz, photography, samba, colors, rock, typography, bossa nova, illustrations – and produces fantastic records, in the vertex of the tradition and the future.

Em 2004, por ocasião do relançamento em CD de *It might as well be spring*, LP de Sylvia Telles produzido pela gravadora americana Kapp Records e pela Elenco em 1965, a dupla Dubas/6D teve a oportunidade de trabalhar com uma de suas grandes referências: Cesar G. Villela, mestre brasileiro da arte da capa de discos, reconhecido por seu trabalho na década de 60 para a gravadora Elenco, foi convidado para participar do projeto gráfico dessa reedição. Cesar, em função das "novas orientações estéticas" que fora obrigado a seguir na época, não ficara satisfeito com o resultado da capa de 1965. O procedimento utilizado no novo layout foi *sui generis*: pequenos recortes de papel que, combinados manualmente, ganharam vida a partir de uma foto inédita cedida por Cláudia Telles, filha da cantora. Assim, quase quatro décadas depois, o perfeccionista designer não só concordou com a mudança da capa, como participou da criação junto aos "6Ds" Beto Martins e Emílio Rangel. Eles utilizaram alguns dos elementos visuais do LP da Elenco misturando arte final da época – Villela fez tudo na mão, desenho, recorte, cola... – e computação gráfica.

ERA UMA VEZ...

/ ONCE UPON A TIME...

In 2004, during the CD edition of It might as well be spring*, an LP by Sylvia Telles released by American record label Kapp Records and by Elenco, in 1965, Dubas/6D had the opportunity to work with one of its great references. Cesar G. Villela, a Brazilian expert in the art of record covers, recognized for his work in the 1960s for the record company Elenco, was invited by Dubas/6D to participate in the graphic project of this re-edition. Cesar, due to the "new esthetic guidelines", which had to be followed at the time, was never satisfied with the outcome of the 1965 cover. The creative process of this new layout was* sui generis*: small cuts of paper that, combined manually, came to life with an unpublished photograph provided by Cláudia Telles, the singer's daughter. Therefore, almost four decades later, the perfectionist designer not only agreed with the change of the cover but also participated in its creation with the "6Ds", Beto Martins and Emílio Rangel. They used some of the visual elements of the LP, mixing the final artwork of the time – Villela did everything by hand, drawing, cutting, gluing... – and computer graphics.*

Edição original da Elenco produzida por / *Elenco's original album produced by* **Aloysio de Oliveira** (1965)
Layout de / *Layout by* **Cesar G. Villela**
Foto de / *Photo by* **Chico Pereira**

Capa reedição 2004 / *Album cover re-edition 2004* ***It might as well be spring***:
Arte de / *Art by* Cesar G. Villela e 6D
Foto gentilmente cedida por / *Photo courtesy of* **Cláudia Telles** →

SYLVIA TELLES
IT MIGHT AS WELL BE SPRING

batida **diferente**

As compilações e séries lançadas pela Dubas são pensamentos sobre música brasileira traduzidos visualmente pela 6D. A rigorosa seleção de repertório que coloca lado a lado gravações clássicas, raras e inéditas em CD, a maneira de sequenciar as faixas, a masterização criteriosa, a quantidade e a qualidade das informações pesquisadas e disponibilizadas criaram um padrão que foi exaustivamente imitado. A arte de fazer discos, no entanto, não perdoa quem aprende o sotaque mas não fala a língua.

/ A DIFFERENT BEAT

The compilations and series released by Dubas are ideas about Brazilian music that are translated visually by 6D. The rigorous selection of the repertoire that places, side by side, the classic, rare and unreleased recordings in a CD, the manner of sequencing the tracks, the discerning mastering, the quantity and the quality of the researched and available information created a standard that has been exhaustively imitated. The art of making records, however, does not forgive those that learn the accent but never speak the language.

Capa / *Album cover* ***Sambajazz - Batida diferente*** →

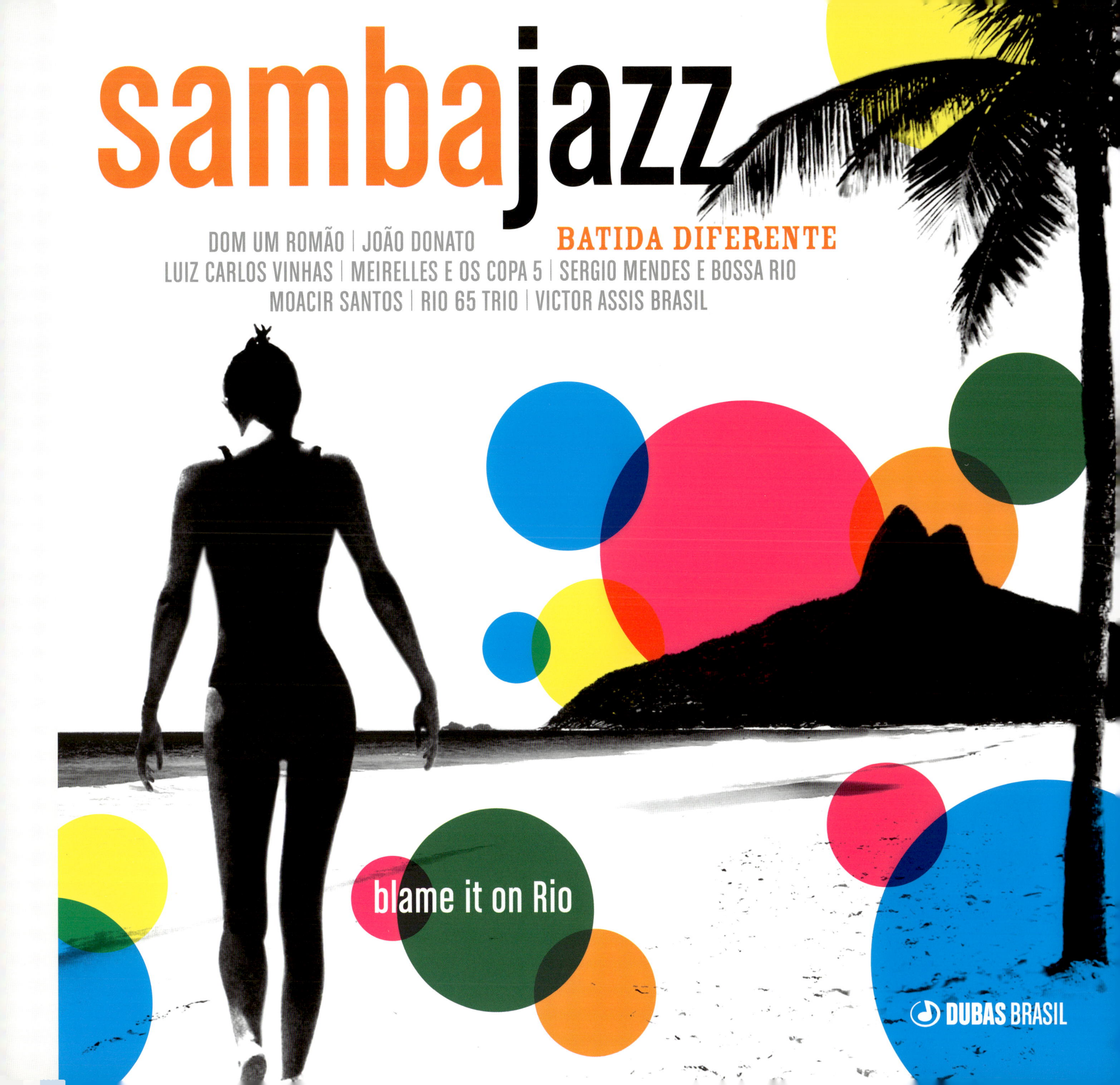
sambajazz
DOM UM ROMÃO | JOÃO DONATO
BATIDA DIFERENTE
LUIZ CARLOS VINHAS | MEIRELLES E OS COPA 5 | SERGIO MENDES E BOSSA RIO
MOACIR SANTOS | RIO 65 TRIO | VICTOR ASSIS BRASIL
blame it on Rio
DUBAS BRASIL

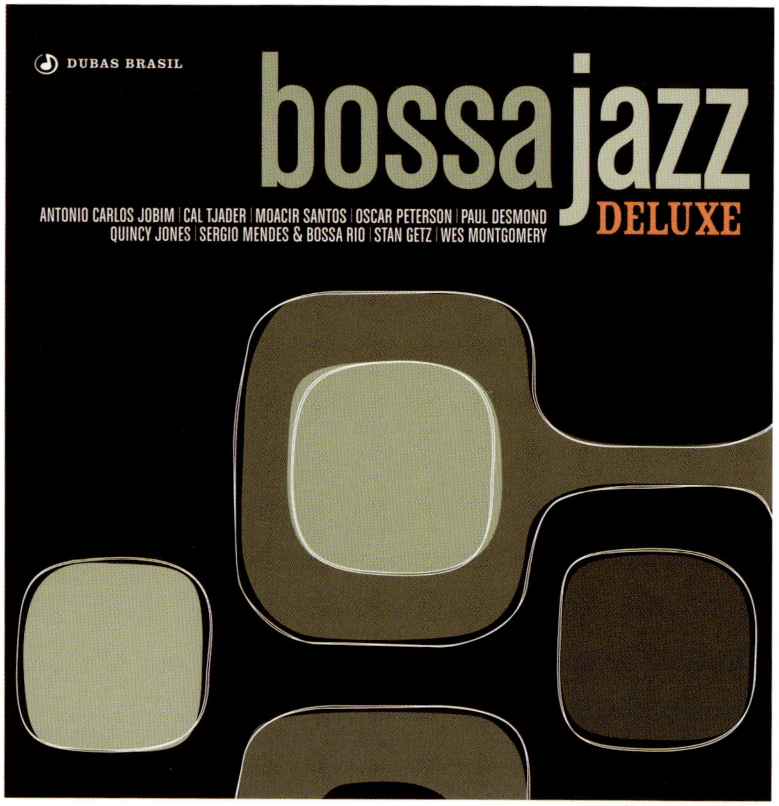

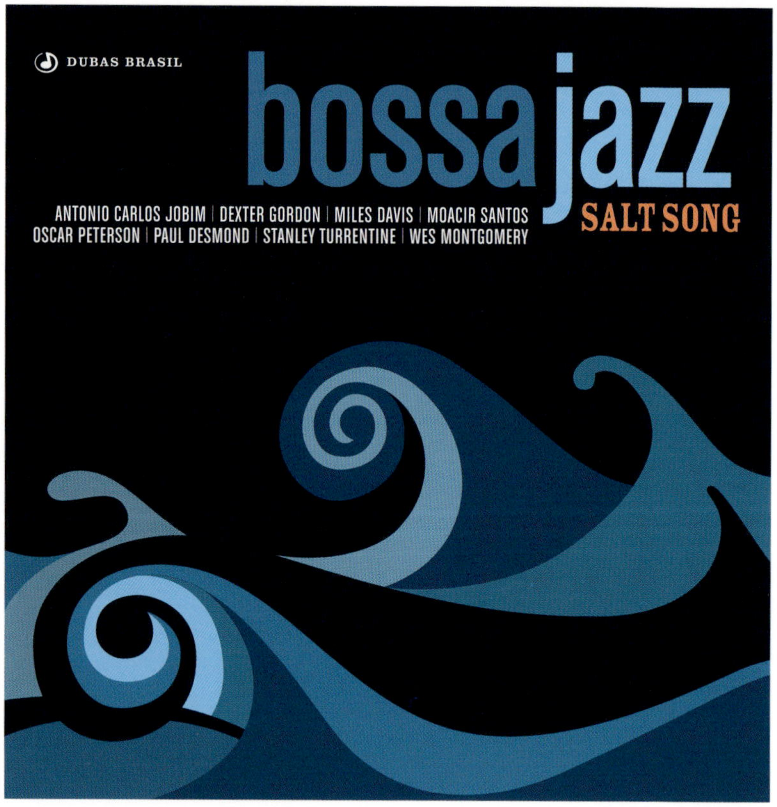

Capa / *Album cover* **Bossajazz - Deluxe**
Capa / *Album cover* **Bossajazz - Salt song**
Capa / *Album cover* **Jazzsamba - Copacabana** →

DUBAS BRASIL

jazzsamba

COPACABANA DOM UM ROMÃO | EDISON MACHADO | LUIZ CARLOS VINHAS
MEIRELLES E OS COPA 5 | MOACIR SANTOS | PAULO MOURA | RAUL DE SOUZA
RIO 65 TRIO | SERGIO MENDES | TAMBA TRIO | TENÓRIO JR. | VICTOR ASSIS BRASIL

RE-VISITA-DOS

Os volumes da coleção ***Revisitados*** percorrem períodos significativos na carreira de artistas fundamentais da música popular brasileira. Seleções feitas de belíssimos cacos de outros discos e gravações raras formam um mosaico que, sendo reverente às suas origens, tem beleza e vida própria.

The **Revisitados** *collection highlight significant periods in the career of artists who are fundamental to Brazilian popular music. Selections made from beautiful fragments of other albums and rare recordings create a mosaic that, while respecting its origins, has its own beauty and life.*

Ilustração do encarte / *Booklet illustration* ***Chico revisitado***
Capa / *Album cover* ***Chico revisitado*** →

DUBAS BRASIL

ChicoRevisitado

DE **CHICO BUARQUE DE HOLLANDA** 1970 A **CHICO BUARQUE** 1984

Foto de / *Photo by* **Thereza Eugênia**
Capa / *Album cover* ***Gil revisitado*** →

DUBAS BRASIL

GilRevisitado

DE LOUVAÇÃO 1967 A REFAVELA 1977

RE

Ilustração do encarte e rótulo / *Booklet illustration and CD label* ***Gil revisitado***

Capa / *Album cover* ***Bethânia revisitada***
Capa / *Album cover* ***Elis revisitada***
Capa / *Album cover* ***Melodia revisitado*** →

MelodiaRevisitado

DE **PÉROLA NEGRA** 1973 A **PINTANDO O SETE** 1991

Foto de / *Photo by* **Thereza Eugênia**
Capa / *Album cover* ***Gal revisitada*** →

DUBAS BRASIL

GalRevisitada

DE **DOMINGO** 1967 A **MINHA VOZ** 1982

Gal poderia ter passado a vida encantando a todos com sua voz de timbre cristalino e a mesma maneira de cantar, ao mesmo tempo precisa e emotiva, que mostrou em *Domingo* e que não deixou de acompanhá-la. Mas ser moderna era pouco para ela. Ninguém ousou tanto na música brasileira. A mutante Gal Costa percorreu o repertório mais variado e significativo de seu tempo e, sendo ela mesma, se multiplicou, expandindo o sentido de cada canção até o limite, e o limite do seu canto, sendo muitas.

Gal se reinventou reinventando as canções e criando a moda. Porque ninguém depois dela a superou no quesito atitude, antes mesmo desta palavra cair na boca de todos e perder substância. Gal é uma gata extraordinária. No dia em que for escrita a história do tempo em que o Brasil era moderno e menos careta, Gal será lembrada não só pela escola de canto que fundou e da qual, nunca superada, continua sendo a maior representante, mas também como uma mulher livre que ousou ampliar os limites do comportamento e mudou para sempre a cara da nossa música popular.

Gal could have spent her whole life charming everyone with the crystal-clear timbre of her voice and her way of singing that is at the same time precise and emotive; this talent never deserted her. However, being modern wasn't enough. No one in Brazilian music dared as much as she did. Gal Costa went through the most varied and significant repertoire of her time. Despite her diverse approach, she was always herself, thereby multiplying herself with each addition to her repertoire. Many were the Gal Costas who took the meaning of each song to its limit and expanded the limit of her singing.

Gal reinvented herself, reinventing songs and creating fashions. No one after her could better the attitude that she had. When the history of the time in which Brazil was modern and less 'straight' is written, Gal will be remembered for the style of singing she founded and of which she is still the best representative. She will also be remembered for being a free woman who dared to extend the limits of behaviour and changed the face of our popular music forever.

Ronaldo Bastos

Capa / *Album cover* ***Gal revisitada - volume 2***

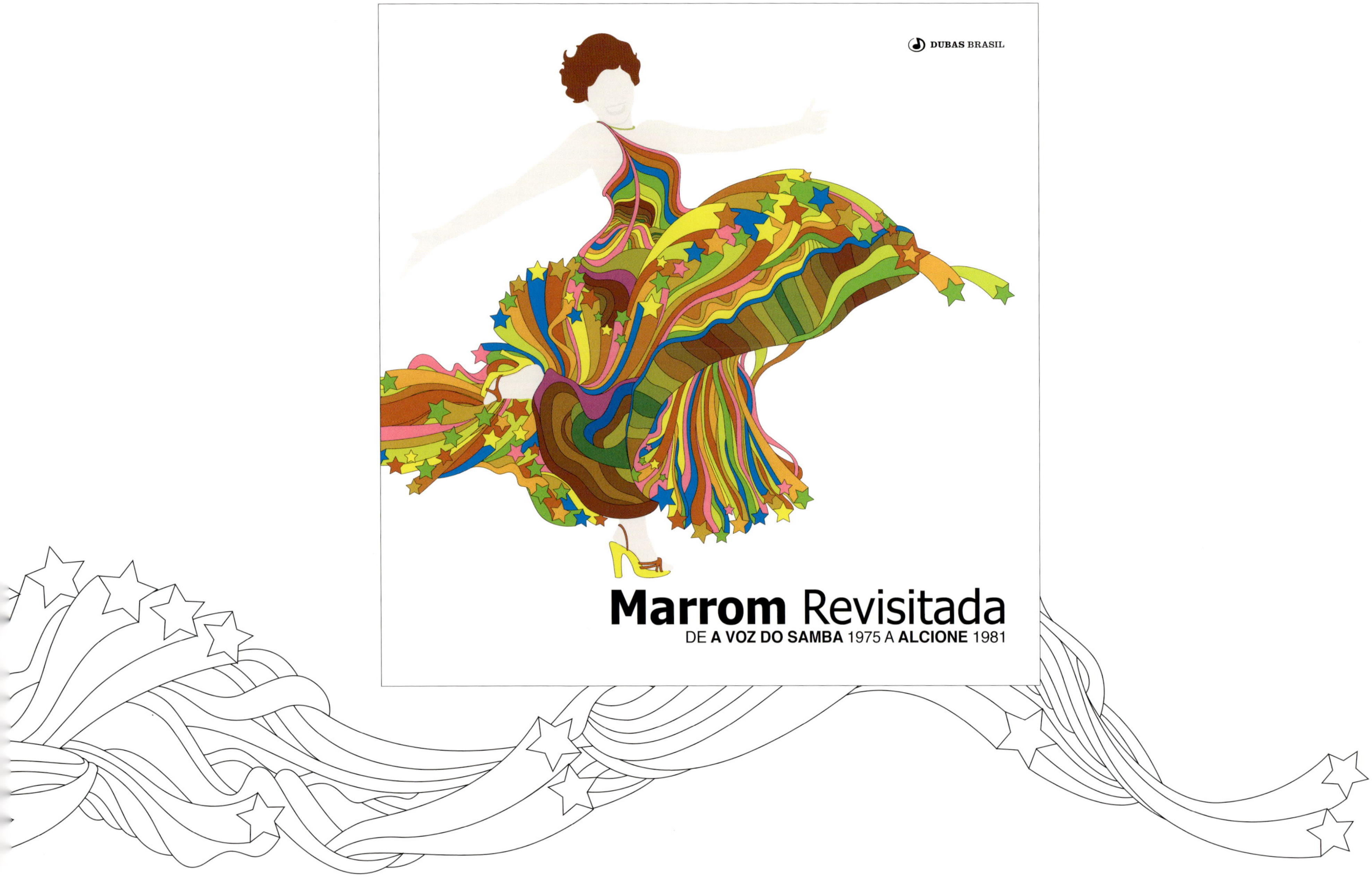

Capa / *Album cover* **Marrom revisitada**
Capa / *Album cover* **Jorge Ben revisitado** →

Jorge Ben Revisitado

DE **SAMBA ESQUEMA NOVO** 1963 A **ÁFRICA BRASIL** 1976

DUBAS BRASIL

MÚSICA MODERNA DE TODOS OS TEMPOS

A música brasileira dos anos 60 andava meio esquecida em sua terra natal em 2001, quando o primeiro volume da série ***Bossa Nova Lounge*** surpreendeu o mercado fonográfico brasileiro. *Bossa nova lounge / Look to the sky* deu início aos trabalhos arqueológicos que permitiram desvelar, ao invés de antiguidades, a modernidade existente naquelas gravações. Era a música de um Brasil que apontava realmente para o futuro.

Em seis volumes, estão contidos todos os elementos que fazem da música brasileira referência de sofisticação no mundo inteiro. Fonogramas originais dos selos Forma, Elenco, Philips, Odeon, RGE, Equipe, Ritmos/Codil, A&M, CTI, Verve, Columbia, Audio Fidelity e Capitol, entre outros, harmoniosamente combinados compõem um panorama que contempla ao mesmo tempo grandes *standards* do gênero, raridades, os mais celebrados compositores, intérpretes, músicos, arranjadores e produtores. ***Bossa Nova Lounge*** conseguiu se fazer entender naturalmente e ser amado com entusiasmo por novas gerações de ouvintes.

/ LET THE MUSIC TAKE YOU THERE

Brazilian music from the 1960s was somewhat forgotten in its native land, in 2001, when the first volume of the **Bossa Nova Lounge** *series surprised the Brazilian record market.* Bossa nova lounge / Look to the sky *initiated the archeological work to discover how much modernity existed in these recordings, as opposed to the olden style. This was the music from a Brazil that really pointed to the future.*

The six volumes contain all the elements that make Brazilian music such a reference point for sophistication throughout the world. Original recordings came from labels such as Forma, Elenco, Philips, Odeon, RGE, Equipe, Ritmos/Codil, A&M, CTI, Verve, Columbia, Audio Fidelity and Capitol, among others. These harmoniously combined to produce a panorama that simultaneously included the great standards of the genre, rarities, the most celebrated composers, interpreters, musicians, arrangers and producers. **Bossa Nova Lounge** *succeeds in being naturally understood and enthusiastically loved by new generations of listeners.*

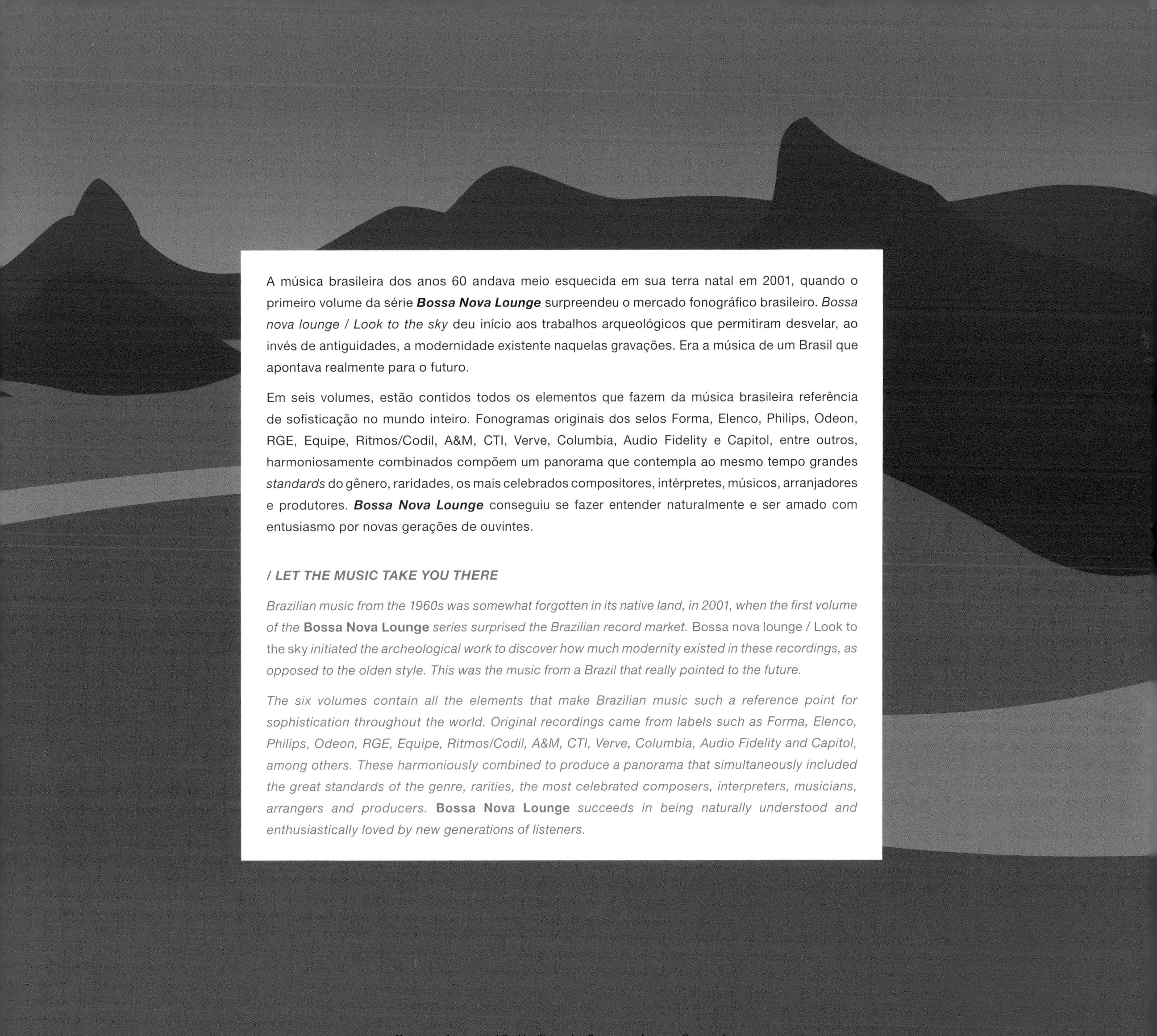

Ilustração do encarte / *Booklet illustration* ***Bossa nova lounge - Corcovado***

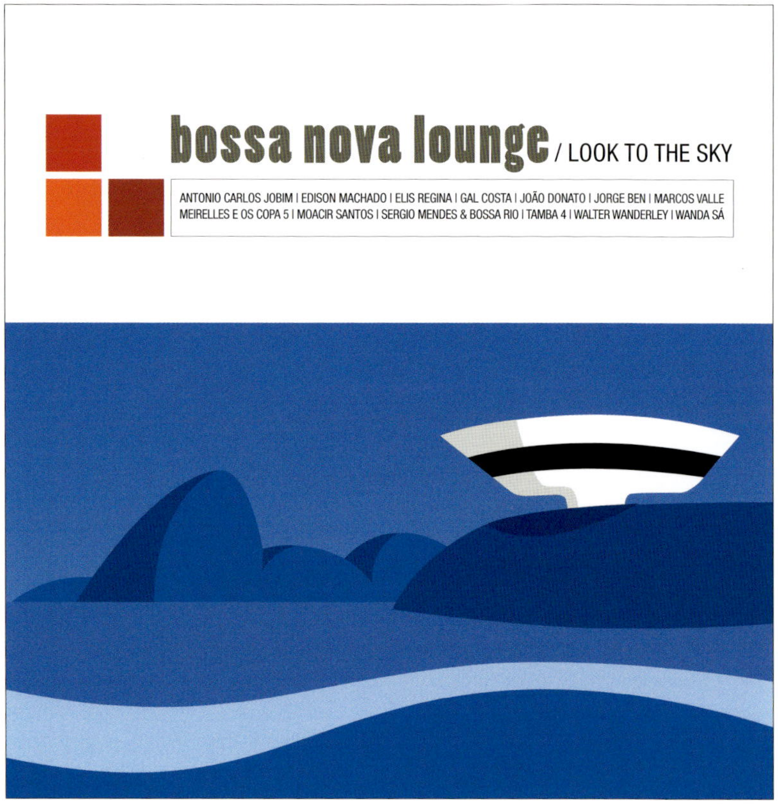

Capa / *Album cover* ***Bossa nova lounge - Look to the sky***
Capa / *Album cover* ***Bossa nova lounge - Corcovado***
Capa / *Album cover* ***Bossa nova lounge - Dreamer***
Capa da caixa / *Box cover* ***Bossa nova lounge collection*** (3 CDs box set)→

bossa nova lounge / COLLECTION

ALAÍDE COSTA | ANTONIO CARLOS JOBIM | BOSSATRÊS | CAETANO VELOSO | CANNONBALL ADDERLEY & BOSSA RIO | CELSO FONSECA | CÉSAR CAMARGO MARIANO | EDISON MACHADO | ELIS REGINA | EUMIR DEODATO | GAL COSTA | JOÃO DONATO | JOHNNY ALF | JORGE BEN | JOYCE LUIZ EÇA | MARCOS VALLE | MEIRELLES E OS COPA 5 | MILTON NASCIMENTO | MOACIR SANTOS | NARA LEÃO | OS GATOS | PAUL DESMOND ROBERTO MENESCAL | SERGIO MENDES & BOSSA RIO | SYLVIA TELLES | TAMBA 4 | TAMBA TRIO | WALTER WANDERLEY | WANDA SÁ

DUBAS BRASIL

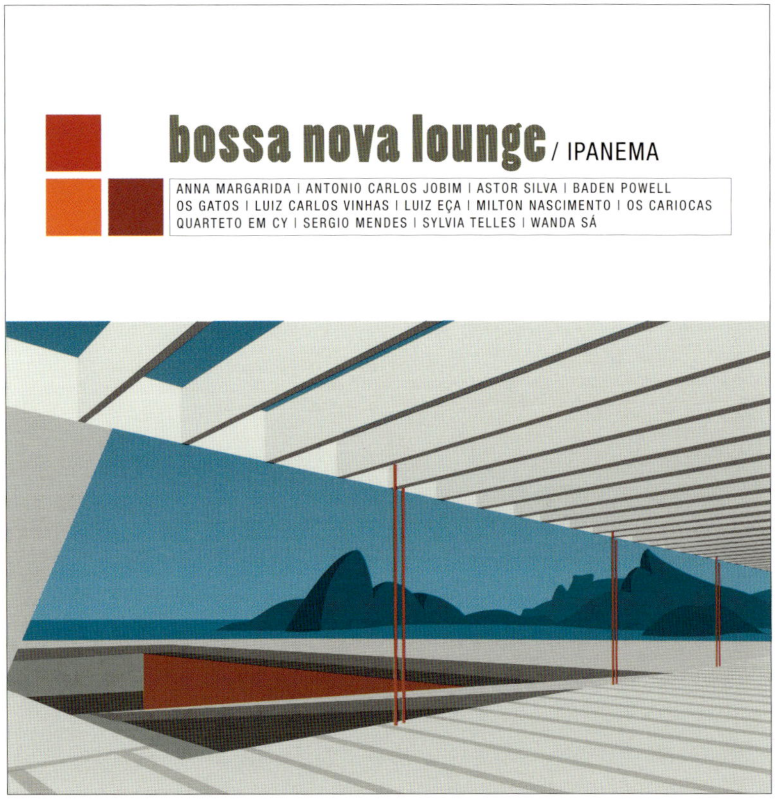

Capa / *Album cover* ***Bossa nova lounge - Ipanema***
Capa / *Album cover* ***Bossa nova lounge - Gentle rain***
Capa / *Album cover* ***Bossa nova lounge - Samba de verão***
Capa da caixa / *Box cover* ***Bossa nova lounge Rio collection*** (3 CDs box set) →

bossa nova lounge

RIO COLLECTION

ALAÍDE COSTA | ANNA MARGARIDA | ANTONIO CARLOS JOBIM
ASTOR SILVA | BADEN POWELL | CAETANO VELOSO | EDU LOBO
ELIS REGINA | EUMIR DEODATO | JOÃO DONATO | JOÃO GILBERTO
JORGE BEN | LENY ANDRADE | LUIZ CARLOS VINHAS | LUIZ EÇA
LYRIO PANICALI | MÁRCIA | MARCOS VALLE | MEIRELLES E OS COPA 5
MILTON NASCIMENTO | NANA CAYMMI | NECO | OS CARIOCAS | OS CATEDRÁTICOS
OS GATOS | QUARTETO EM CY | RIO 65 TRIO | ROBERTO MENESCAL | SERGIO MENDES
STAN GETZ | SYLVIA TELLES | TAMBA 4 | WALTER WANDERLEY | WANDA SÁ

DUBAS BRASIL

A minha bússola no design foi um pensamento de Marshall McLuhan, que chamava de “ruídos visuais” os excessos de detalhes numa composição. Encontrei nos CDs da Dubas a mesma filosofia. Adoro o design da 6D e tomo a liberdade de afirmar: a Dubas é hoje a Elenco moderna!

My compass in design was the thinking of Marshall McLuhan, who described the excess of details in a composition as “visual noise”. I found the same philosophy in the Dubas CDs. I love the design by 6D and can take the liberty to declare: Dubas today is the modern Elenco!

Cesar G. Villela

Ilustração do encarte / *Booklet illustration* ***Bossa nova lounge - Ipanema***

João Donato é um dos mais queridos artistas brasileiros, muso da Dubas/6D e a inspiração da série ***Tropique Samba Lounge***. *Donato tropical* é inteiramente dedicado ao lado arranjador deste genial pianista, compositor e intérprete brasileiro, figura fundamental da bossa nova e referência unânime na música moderna do mundo.

***João Donato** is one of the most loved Brazilian artists, the muse of Dubas/6D and the inspiration for the* **Tropique Samba Lounge** *series.* Donato tropical *is entirely dedicated to the arrangement work of this brilliant Brazilian pianist, composer and interpreter. He is a fundamental figure in bossa nova and a unanimous reference point in modern music around the world.*

Capa / *Album cover* ***Donato tropical*** →

DUBAS BRASIL

Tropique Samba Lounge apresenta

Donato tropical

JOÃO DONATO | GAL COSTA | EMÍLIO SANTIAGO | CAETANO VELOSO | CLARA NUNES | SIDNEY DA CONCEIÇÃO
ORLANDIVO | NARA LEÃO | LUIZ MELODIA | NANA CAYMMI | OS TINCOÃS | LENY ANDRADE

volume 1

開

Imagens do encarte / *Booklet images* ***Donato tropical***

Ilustração do encarte / *Booklet illustration* ***Tropique samba lounge - Emoriô***

hoje é dia de amor, samba e **beleza**

Rótulo e capa / *CD label and album cover* ***Tropique samba lounge - Beleza pura***

DUBAS BRASIL

tropique SambaLounge

ANTONIO CARLOS JOBIM | BANDA BLACK RIO | CAETANO VELOSO | ED MOTTA | ELIS REGINA | EMÍLIO SANTIAGO | GAL COSTA
GILBERTO GIL | JOÃO DONATO | LUIZ MELODIA | MART'NÁLIA | MILTON NASCIMENTO | NANA CAYMMI | TAMBA TRIO

beleza pura

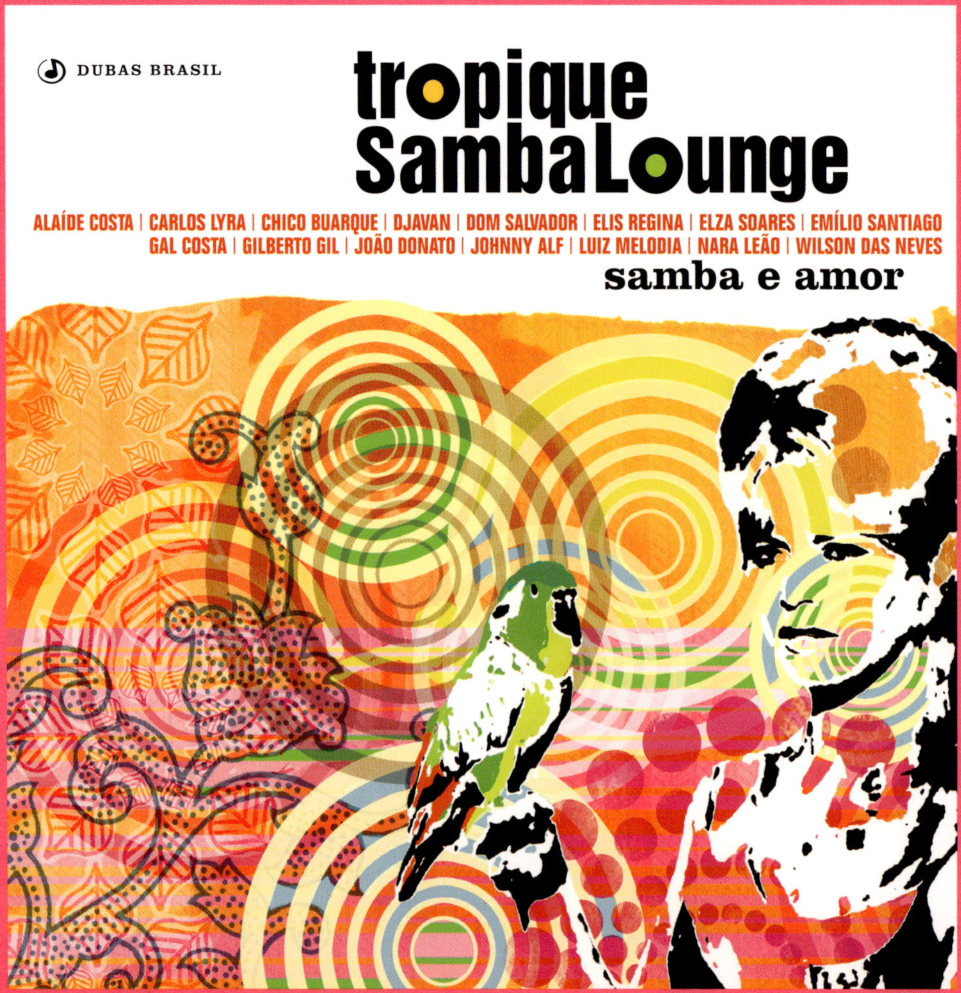

Capa / *Album cover* ***Tropique samba lounge - Samba e amor***
Capa / *Album cover* ***Tropique samba lounge - Emoriô →***

DUBAS BRASIL

tropique SambaLounge /emoriô

BANDA BLACK RIO | CAETANO VELOSO | CLARA NUNES | ELIS REGINA | ELZA SOARES | GAL COSTA | JOÃO DONATO
JOHNNY ALF | JORGE BEN | LUIZ MELODIA | NOVOS BAIANOS | SANDRA DE SÁ | TRIO MOCOTÓ | WALTER WANDERLEY

Ilustração do encarte / *Booklet illustration* ***A bossa muito moderna de João Donato e seu trio*** de / *by* **Filipe Jardim**

O SOM DE COPACABANA

THE SOUND OF COPACABANA

O samba jazz não é um subgênero da bossa nova. Discos antológicos de Meirelles e Os Copa 5, Sergio Mendes & Bossa Rio, João Donato e Seu Trio, Tenório Jr. e Dom Um Romão são preciosidades que afirmam a originalidade e a força de um gênero cuja vibração não desaparece com o tempo. A obra de artistas como Milton Nascimento e Elis Regina estão aí para comprovar isso. Uma música instrumental de repertório riquíssimo – recriado incessantemente com o talento de grandes arranjadores, executado com energia por músicos excepcionais, impregnado de samba, sofisticado graças ao fascínio de jovens músicos pelo jazz – que nasceu com o jeito suingado, quente e cosmopolita de Copacabana.

Samba jazz is not a sub-genre of bossa nova. Anthological records of Meirelles e Os Copa 5, Sergio Mendes & Bossa Rio, João Donato e Seu Trio, Tenório Jr. and Dom Um Romão, are treasures that confirm the originality and the force of a genre whose vibrancy does not diminish with time. The work of artists such as Milton Nascimento and Elis Regina are there to prove this. Instrumental music with an extremely rich repertoire – incessantly recreated with the talent of great arrangers, energetically performed by exceptional musicians, filled with samba, and sophisticated due to the fascination of young musicians with jazz – born with the swinging, hot and cosmopolitan sensation that is Copacabana.

Foto do encarte / *Booklet photo* ***Samba jazz!!*** de / *by* **Daniel Pinheiro**
Capa / *Album cover* ***Meirelles e os Copa 5 collection*** (3 CDs box set) →
Videoclipe ***Beco do Gusmão:*** vimeo.com/77598663

J.T. MEIRELLES O REI DO SAMBA JAZZ

J.T. Meirelles despontou no mundo musical, em 1963, como criador dos geniais arranjos do disco de estreia de Jorge Ben, do qual foi igualmente o bandleader, plantando uma das sementes do que viria a ser conhecido como samba jazz. Ao longo dessa década, seu conjunto Meirelles e Os Copa 5 destacou-se no vibrante cenário do Beco das Garrafas, em Copacabana, e produziu pérolas ainda hoje cultuadas no mundo inteiro. *O som*, de 1964, é o instante em que o samba jazz diz ao que veio, apresentando seis composições gravadas de um só fôlego, em uma sessão calibrada com muita energia. Em *O novo som*, sambas e clássicos da bossa nova são recriados, transformando-se em standards instrumentais. Convidado pela Dubas, em 2002, J.T. Meirelles retornou ao estúdio acompanhado por Laercio de Freitas, Guilherme Dias Gomes, Adriano Giffoni e Robertinho Silva para gravar *Samba jazz!!*. Em 2005, um novo convite da Dubas resultou no último disco da nova safra, *Esquema novo*, no qual Rafael Vernet, Jessé Sadoc, Rodrigo Villa, Amoy Ribas, Rafael Barata e Robertinho Silva deram nova sonoridade a Os Copa 5.

/ J.T. MEIRELLES, THE KING OF SAMBA JAZZ

J.T. Meirelles appeared on the musical scene, in 1963, as the creator of the genial arrangements of the debut album by Jorge Ben, in which the bandleader planted the seeds of what would become known as samba jazz. Throughout this decade, his band Meirelles e Os Copa 5 starred in the vibrant musical scenario of the Beco das Garrafas, in Copacabana, and produced treasured recordings that are still venerated the world over. O Som, from 1964, is the moment when samba jazz arrived, with six compositions recorded in just one take, in a session filled with boundless energy. In O Novo Som, sambas and bossa nova classics were recreated and became instrumental standards. Invited by Dubas, in 2002 J. T. Meirelles returned to the studio accompanied by Laercio de Freitas, Guilherme Dias Gomes, Adriano Giffoni and Robertinho Silva to record Samba Jazz!!. In 2005, a new invitation from Dubas resulted in the most recent album of the new crop, Esquema Novo, in which Rafael Vernet, Jessé Sadoc, Rodrigo Villa, Amoy Ribas, Rafael Barata and Robertinho Silva provided a new sonority to Os Copa 5.

MEIRELLES

O SOM / O NOVO SOM / SAMBA JAZZ!!

E OS COPA 5

J.T. MEIRELLES
PEDRO PAULO
LUIZ CARLOS VINHAS
MANOEL GUSMÃO
DOM UM ROMÃO
EUMIR DEODATO
EDISON MACHADO
ROBERTO MENESCAL
WALTEL BRANCO
GUILHERME DIAS GOMES
LAERCIO DE FREITAS
ADRIANO GIFFONI
ROBERTINHO SILVA

DUBAS BRASIL

Capa / *Album cover* **Samba jazz!!**
Capa / *Album cover* **Esquema novo**: Foto de / *Photo by* Cafi →

MEIRELLES E OS COPA 5
esquema novo
DUBAS BRASIL

SERGIO MENDES & BOSSA RIO

Rio de Janeiro, início da década de 60. Copacabana e suas casas noturnas, os clubes de jazz e suas *jam sessions*. O Beco das Garrafas, lugar onde se tocava e criava música – a música brasileira em transformação. A bossa nova a conquistar o mundo. Este foi o cenário em meio ao qual surgiram infinidades de trios, quartetos, quintetos, sextetos e, entre eles, o time de músicos brilhantes liderado por Sergio Mendes: o Sexteto Bossa Rio. A primeira formação apresentou-se no Festival de Bossa Nova realizado em novembro de 1962, em Nova York no Carnegie Hall, com Pedro Paulo (trompete), Paulo Moura (sax), Durval Ferreira (guitarra), Dom Um Romão (bateria) e Octávio Bailly (baixo). O conjunto impressionou o saxofonista norte-americano Cannonball Adderley, que os convidou a gravar o disco *Cannonball's bossa nova* naquele mesmo ano. Em 1963, já de volta ao Brasil, Sergio reuniu-se a Tião Neto, Edison Machado, Raul de Souza, Edson Maciel, Aurino Ferreira e Hector Costita, e gravou pela Philips este histórico *Você ainda não ouviu nada!*.

Rio de Janeiro, the beginning of 1960´s. Copacabana and its nightclubs, the jazz clubs and their jam sessions. The Beco das Garrafas, where music was played and created – Brazilian music in transformation. Bossa nova was ready to conquer the world. This was the scenarium in which an infinite number of trios, quartets, quintets, sextets where formed and, among them, a team of brilliant musicians led by Sergio Mendes: the Bossa Rio Sextet. The first formation appeared at the Bossa Nova's Festival, held in November 1962 at the Carnegie Hall, in New York, with Pedro Paulo (trumpet), Paulo Moura (sax), Durval Ferreira (electric guitar), Dom Um Romão (drums) and Octávio Bailly (bass). The ensemble so impressed American saxophonist Cannonball Adderley that he invited them the same year to record the album Cannonball's bossa nova. *In 1963, back in Brazil, Sergio brought together Tião Neto, Edison Machado, Raul de Souza, Edson Maciel, Aurino Ferreira e Hector Costita – and recorded for Philips the historic* Você ainda não ouviu nada!.

SERGIO MENDES
TIÃO NETO
EDISON MACHADO
EDSON MACIEL
RAUL DE SOUZA
HECTOR COSTITA
AURINO FERREIRA

Arranjado por / *Arranged by*

ANTONIO CARLOS JOBIM
MOACIR SANTOS
SERGIO MENDES

você ainda não ouviu nada!

JOÃO DONATO E SEU TRIO

Os temas de *Muito à vontade* e *A bossa muito moderna de João Donato e seu trio*, de 1962 e 1963 respectivamente, foram registrados nas mesmas sessões de gravação. Estrategicamente, a Polydor resolveu lançar primeiro uma leva dessas preciosidades para um ano depois lançar o restante no segundo desses dois álbuns que hoje são ítens indispensáveis em qualquer coleção. Na época, Donato e os amigos Tião Neto, Milton Banana e Amaury Rodrigues tinham acabado de voltar de uma turnê com João Gilberto na Itália e estavam bem "ajustadinhos". O repertório inclui músicas de Donato que depois viraram grandes clássicos da música brasileira (algumas ele já tinha composto, outras ele fez na hora) junto a releituras de canções da época que tocavam no rádio – basicamente bossa nova, o som da galera jovem dos anos 60. Escutando esses discos nas novas edições em CD, ele comenta: "Foi em 1962. Já se foram mais de quarenta anos, mas parece que foi gravado ontem. Eu toco praticamente do mesmo jeito. E é engraçado que não me dá nostalgia nem saudosismo dos velhos tempos. Eu ouço como se estivesse ouvindo no rádio hoje. O disco toca assim, parece aquele sabonete Frescor da Manhã. Não me parece uma coisa de resgate. Eu ouço como se fosse uma música atual, não é dos anos 60 comparado com os anos 2000." (2003)

The titles Muito à vontade *and* A bossa muito moderna de João Donato e seu trio, *from 1962 and 1963, respectively, were recorded during the same sessions. Strategically, Polydor decided to release first one of these treasures and then wait a year to release the second of these two albums, which today form an essential part of any collection. At the time, Donato and his friends Tião Neto, Milton Banana and Amaury Rodrigues had just returned from a tour with João Gilberto, in Italy, and were well "adjusted". The repertoire includes songs by Donato that later became great classics of Brazilian music (some he had already composed, others he wrote at the recording studio) with the re-recordings of songs that were currently playing on the radio – basically bossa nova, the sound of the young crowd of the 1960s. Listening to these records in the brand new CD editions, he commented: "It was in 1962. It's already over forty years ago but it seems like it was recorded yesterday. I play today in practically the same way. It's funny that it doesn't provide me with nostalgia or even longing for the old times. I listen as if I was listening to them on the radio today. The record plays that way. It's like that soap Frescor da Manhã [Freshness of the Morning]. It doesn't seem like a rescue operation. I hear it as if it were the music of today, not from the 1960s compared with the 2000s." (2003)*

Ilustração do encarte / *Booklet illustration* ***Muito à vontade*** de / *by* **Filipe Jardim**
Capa / *Album cover* ***A bossa muito moderna de João Donato e seu trio***: Ilustração / *Illustration* **Filipe Jardim** →

A BOSSA
MUITO MODERNA de JOÃO
DONATO
E SEU TRIO

Ilustração do encarte / *Booklet illustration* ***A bad Donato***
Capa / *Album cover* ***A bad Donato***: Foto de / *Photo by* **Tom Wilkes & Barry Feinstein →**

A BAD DONATO
João Donato's
psychedelicfunkyexperience

Quando fui convidado por Leonel Pereda para fazer um disco instrumental, acústico e moderno, resolvi escrever todos os arranjos em partituras de papel, sem usar os softwares atuais. Foi um trabalho árduo, feito durante as sessões de gravações, tão pesado fisicamente que acabei criando bolhas nos dedos, sangrando e manchando as partituras. Semanas depois, ao me chamar para fazer as fotos da capa, Ronaldo me pediu que levasse as partituras para a locação que eles tinham escolhido. Era um muro numa rua da Urca que serviu de fundo para outras imagens, referências adicionadas depois por computação, e fiquei andando com aquele maço de pautas musicais na mão enquanto me fotografavam. O resultado traduziu com clareza a importância que *Jet-samba* significava para a minha carreira: em movimento, novos voos, com minhas cartas de navegação.

When I was invited by Leonel Pereda to make a modern, acoustic, instrumental record, I resolved to write all the arrangements on manuscript paper, without using the current software. It was a tough job, performed during the recording sessions. It was so difficult physically that I ended up with blisters on my fingers, bleeding on and staining the manuscripts. Weeks later, when I was called to do the photographs for the album cover, Ronaldo asked me to take the manuscripts to the location that they had chosen. It was a wall in a street in Urca, which served as a background for other images, with references to be added later by computer. I was walking with that bundle of musical scores in my hand when they photographed me. The result translated with clarity the importance that Jet-samba *signified for my career: in movement, new flights, and my navigational charts.*

Marcos Valle

Luva / Case ***Jet-samba***
Capa / *Album cover* ***Jet-samba***: Foto de / *Photo by* **Lucas Bori** →

DUBAS BRASIL apresenta
JET-SAMBA
COMPOSED, ARRANGED AND PERFORMED BY
MARCOS VALLE
FEATURING
ALBERTO CONTINENTINO, RENATO "MASSA" CALMON, ARMANDO MARÇAL, JESSÉ SADOC, RENATO FRANCO, JAQUES MORELENBAUM, ALDIVAS AY
STEREO "360 SOUND"
RECORDED IN RIO DE JANEIRO - BRAS
BRÉSIL '05
VOLATE JET-SAMBA
RIO
¡VÁMONOS!
SELVA DE PEDRA
JET-SAMBA
BAR INGLÊS
CAMPINA GRANDE
ADAMS HOTEL
BRASIL / MÉXICO
CATEDRAL
VEM
PREVISÃO DO TEMPO
POSTO 9
ESPERANDO O MESSIAS
LA PETITE VALSE

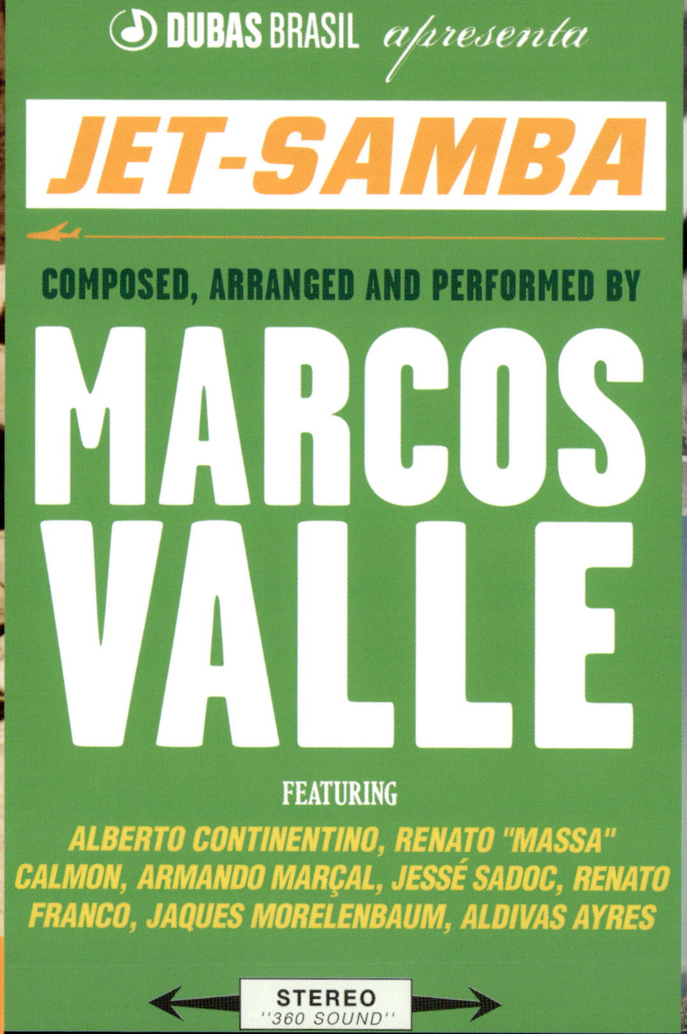

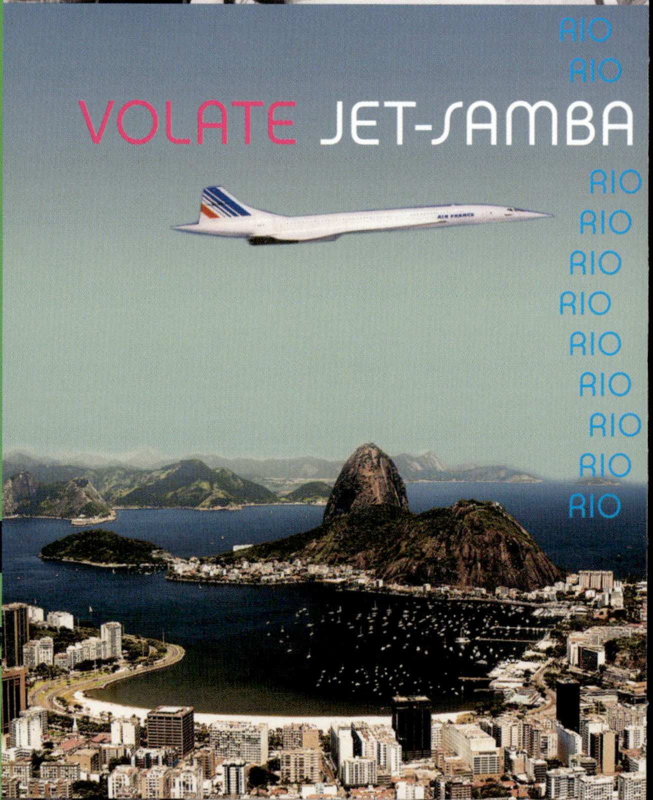

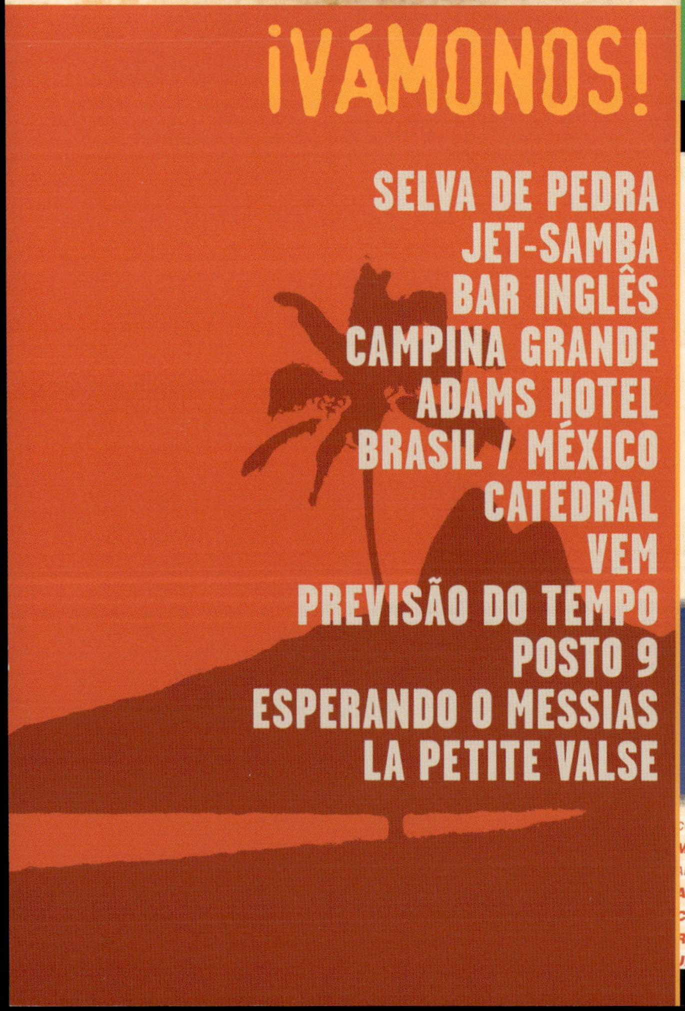

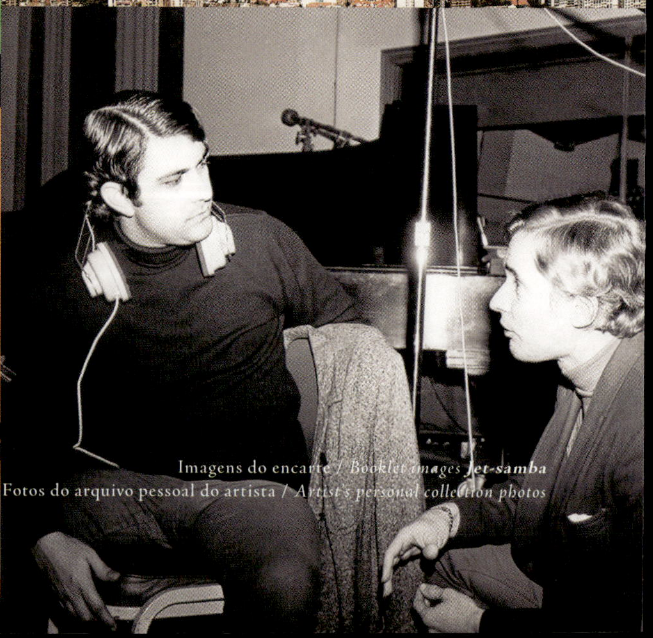

Imagens do encarte / *Booklet images Jet-samba*
Fotos do arquivo pessoal do artista / *Artist's personal collection photos*

PEDRAS QUE ROLAM, OBJETOS LUMINOSOS, NUVEM NO CÉU E RAIZ. O CLUBE DA ESQUINA É A IMAGINAÇÃO NO PODER.

Nos mutantes anos 70, o Clube da Esquina revolucionou o ouvido musical-poético brasileiro, inaugurando formas ousadas e sofisticadas de se fazer música, criar imagens e produzir discos. No país do carnaval, da bossa nova e do tropicalismo, o Clube da Esquina deu o passo à frente e promoveu a mais transcendental fusão de continentes e épocas da história da música brasileira, tornando-se um novo parâmetro tanto para a nossa música quanto para a música latino americana, para o jazz e para o rock. A obra de Milton Nascimento, Toninho Horta, Fernando Brant, Beto Guedes, Ronaldo Bastos, Nelson Angelo, Joyce, Tavinho Moura, Lô Borges, Flavio Venturini, Murilo Antunes, Wagner Tiso, Márcio Borges e tantos outros continua soando atual e é fonte eterna de inspiração para as novas gerações.

/ ROLLING STONES, LUMINOUS OBJECTS, A CLOUD IN THE SKY AND ROOTS, THE CLUBE DA ESQUINA IS THE IMAGINATION IN POWER.

In the constantly changing 1970s, the Clube da Esquina revolutionized the Brazilian musical and poetical ear. It inaugurated daring and sophisticated forms of making music, creating images and producing records. In the country of carnival, bossa nova and tropicalismo, the Clube da Esquina stepped forward and promoted a more transcendental fusion of continents and times of history from Brazilian music. It became a new parameter not only for our music but also for Latin-American music, jazz and rock. The work of Milton Nascimento, Toninho Horta, Fernando Brant, Beto Guedes, Ronaldo Bastos, Nelson Angelo, Joyce, Tavinho Moura, Lô Borges, Flavio Venturini, Murilo Antunes, Wagner Tiso, Márcio Borges and many others continues to sound contemporary and is an eternal source of inspiration for new generations.

MILTON POR EDU LOBO

Encontro o Milton e aos poucos ele vai me contando tudo, desde os seus tempos de juiz de futebol nas "peladas" de rua em Três Pontas, sua cidadezinha mineira. Juiz de futebol, como ele mesmo diz, por força das circunstâncias, que apesar de ser o dono da bola só conseguia vaga no apito. Mas o bom mesmo era ficar em casa ouvindo samba novo, da escola de Jobim – as novas harmonias, a nova concepção de música popular. Os discos de João Gilberto estudados na cozinha de sua casa, "lugar onde os sons são mais claros", mais pra diante vibrando com o talento de Luizinho Eça e o seu Tamba Trio. E muito jazz, Mingus, Miles e Coltrane, sua Santíssima Trindade. E hoje Milton com seu disco pronto, com os arranjos de Luizinho Eça, tudo igualzinho ao seu sonho lá em Três Pontas. Hoje, Milton, dono de seu som, do seu violão, da sua voz, sem pressa de grandes sucessos, continua ouvindo e admirando Tom Jobim, João, Luizinho, Dori Caymmi e Marcos Valle e achando que o estudo é o seu único caminho, o caminho de sua música. Sua música bonita, séria, tranquila, como ele – a música de Milton Nascimento.

/ MILTON BY EDU LOBO

I run into Milton and little by little he tells me everything, from his days as a soccer referee in the street kickarounds in his hometown, Três Pontas. Soccer referee – as he says not through choice – as, despite being the owner of the ball was only able to get a position blowing the whistle. But what really felt great at the time was being at home listening to the new samba, from Jobim's school – new patterns of harmony, the new conception of popular music. The albums of João Gilberto studied in his kitchen, "the spot in the house where the sound is clearest", later thrilled by the talent of Luizinho Eça and his Tamba Trio. And plenty of jazz, Mingus, Miles and Coltrane: the Holy Trinity. And today, Milton ready to release his album with arrangements by Luizinho Eça, just like his dreams long before in Três Pontas. Nowadays, Milton, owner of his sound, his guitar, his voice and in no hurry for success, keeps listening to and admiring Tom Jobim, João Gilberto, Luiz Eça, Dori Caymmi and Marcos Valle, and considers studying to be his only path, the only way to his music. Beautiful, serious and calm, just like him – the music of Milton Nascimento.

Texto da edição original de / *Text from the original edition of* 1967
Capa da reedição / *Re-edition album cover* ***Travessia*** (2002): Foto de / *Photo by* **Balalé** →

Capas / *Album covers* **Esquina de Minas - volumes 1 e 2**
Capa / *Album cover* **Clube moderno**: Fragmentos de trabalhos de / *Details of works by* **Mario Fraga** →

CLUBE
MODERNO
ESQUINA
DO MUNDO
DUBAS BRASIL
ALAÍDE COSTA
BETO GUEDES
CLEMENTINA DE JESUS
ELIS REGINA
JOYCE
LÔ BORGES
MILTON NASCIMENTO
NANA CAYMMI
NELSON ANGELO
TONINHO HORTA

★ **MASTERPIECE** ★

DUBAS *Edition*

- High-resolution digital remastering from the master tapes
- Original liner notes by Toninho Horta
- Rare photographs
- All lyrics included

TONINHO HORTA
AIRTO MOREIRA
BOCA LIVRE
DONA OLÍMPIA
GEORGE FATTORUSO
GEORGIANA DE MORAES
GLÓRIA BERTALOT
HUGO FATTORUSO
JAMIL JOANES
LAUDIR DE OLIVEIRA
LENA HORTA
LUIZ ALVES
MAURO SENISE
MILTON NASCIMENTO
NIVALDO ORNELAS
NOVELLI
RAUL DE SOUZA
RINGO THIELMANN
ROBERTINHO SILVA
RUBINHO
WAGNER TISO
ZÉ EDUARDO NAZÁRIO

Capa / *Album cover* **Terra dos pássaros**: Foto de / *Photo by* **René Vincent**
← Imagens do encarte / *Booklet images* **Terra dos pássaros**: Fotos de / *Photos by* **René Vincent**

Fui apresentado a Nelson Angelo em 1967 por Milton Nascimento, a quem eu acabara de conhecer. Milton me falava desse amigo e de sua música prodigiosa, muito à frente de nosso tempo. Desde então acompanho a trajetória sem concessões desse artista brasileiro, moderno, mas alheio aos modismos, inovador, mas fiel a seus mestres. *Tempos diferentes* é um mosaico que retrata esse seu maravilhoso mundo musical.

I was introduced to Nelson Angelo, in 1967, by Milton Nascimento, who I had recently met. Milton told me about his friend and his extraordinary music, which was well ahead of its time. Since then, I have followed the trajectory without concessions of this Brazilian artist. He is modern and yet avoids being trendy, innovative but faithful to his music masters. Tempos diferentes *is a mosaic that reflects his wonderful world of music.*

Ronaldo Bastos

Foto de contracapa / *Backcover photo* **Tempos diferentes**: Arquivo pessoal do artista / *Artist's personal collection*

Capa / *Album cover* **Tempos diferentes**: Ilustração / *Illustration* **Fernando Fiúza**

STEREO

O Maravilhoso Mundo Musical de

NELSON ANGELO

TEMPOS DIFERENTES

DUBAS BRASIL

THE
CLUBE DA ESQUINA
YEARS

"Nasci Ronaldo Bastos Ribeiro em 1948 na praia de Icaraí, na então paradisíaca Niterói. Passei grande parte da minha infância feliz de moleque viajando encarapitado em cima de uma goiabeira. No tempo que sobrava, joguei bola na rua, me aventurei pela cidade e ouvi rádio. O rádio me trouxe o mundo e a canção. Foram as canções que deram sentido à minha vida. Muitos são os meus mestres, mas os maiores são o samba e Dorival Caymmi. Aos dez anos mudei para o Rio de Janeiro, onde vivo em transe. Sou compositor de música popular e flâneur."

"I was born Ronaldo Bastos Ribeiro, in 1948, near the beach of Icaraí, in the then paradisiacal Niterói. I spent a large part of my childhood as a happy kid climbing up to the top of a guava tree. At other times, I played football in the street, ventured into the city, and listened to the radio. The radio brought me the outside world and the songs. It was the songs that gave meaning to my life. I had many mentors, and the greatest of them were the samba and the music of Dorival Caymmi. At the age of ten, I moved to Rio de Janeiro, where I live in a trance. I am a songwriter and a flâneur."

Foto de contracapa / *Backcover photo* ***Nuvem cigana***: Acervo pessoal / *Personal collection* **Ana Maria Duarte**
Capa / *Album cover* ***Nuvem cigana*** →
Videoclipe ***Nuvem cigana***: http://bit.ly/1ak4ftP
Teaser: http://bit.ly/1chTopu

RONALDO BASTOS
NUVEM CIGANA
THE CLUBE DA ESQUINA YEARS
ESTÉREO

Capa da caixa / *Box cover* ***Celso Fonseca e Ronaldo Bastos collection*** (3 CDs box set): Fragmentos de trabalho de / *Details of works by* **Antonio Dias**
Capa / *Album cover* ***Juventude / Slow motion bossa nova*:** Foto / *Photo* ***Clovis Silken*** (1992) de / *by* **Miguel Rio Branco →**

celso fonseca e ronaldo bastos juventude / slow motion bossa nova

Encarte / *Booklet* ***Polaroides***: Foto de / *Photo by* **Bruno Fraga**
Capa / *Album cover* ***Polaroides***: Foto de / *Photo by* **Bob Wolfenson** →

DUBAS BRASIL
CELSO FONSECA
RONALDO BASTOS
POLAROIDES

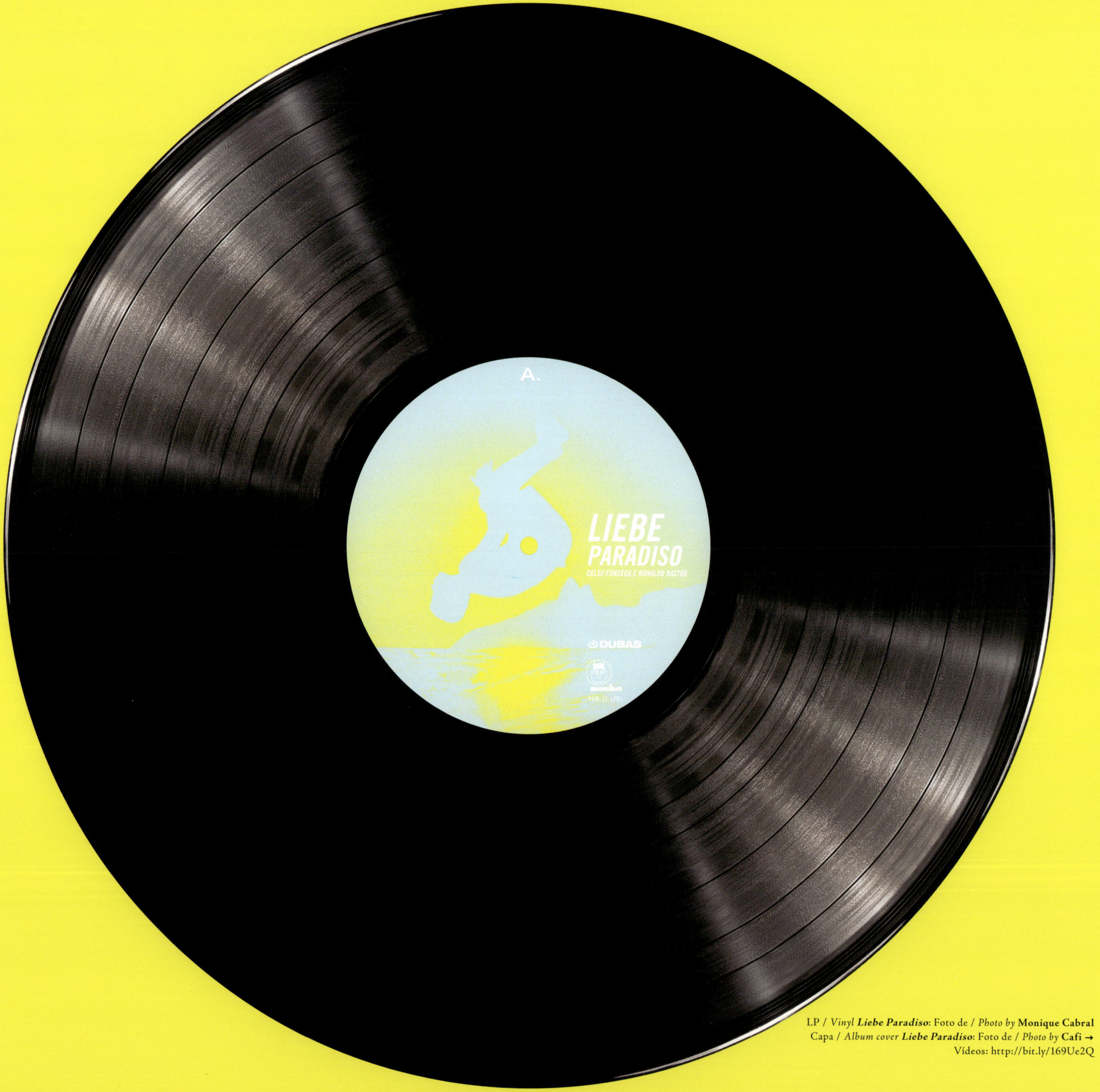

LP / *Vinyl* **Liebe Paradiso**: Foto de / *Photo by* **Monique Cabral**
Capa / *Album cover* **Liebe Paradiso**: Foto de / *Photo by* **Cafi** →
Vídeos: http://bit.ly/169Ue2Q

Contracapa / *Backcover* ***Liebe Paradiso: Satélites*** de / by **Antonio Dias.** Foto de / *Photo by* **Vicente de Mello**
Ilustração / *Illustration* ***Liebe Paradiso: Sem Título*** da série ***Epidermes*** de / *by* **Lin Lima →**

ÁGUA VENTO / MARCO LUCCHESI

Celso Fonseca e Ronaldo Bastos produziram uma obra rara. *Liebe Paradiso* traz um lirismo denso, vigilante e arrebatado. Uma janela para o Outro. Sensível, solidária, com uma refinada economia de meios. A totalidade e o fragmento. O mais dentro do menos. Como se cada composição fosse uma voz solitária, saudosa de um horizonte líquido e voraz. Diversas camadas sonoras, sob o mesmo regime de ventos, aqui se confundem e se entrelaçam.

Liebe Paradiso guarda um leve compromisso mozartiano entre a música e a palavra, que é o que torna este álbum mais delicado e flutuante. Mas atenção: uma centelha de vida o atravessa. Do trompete de Márcio Montarroyos aos acordes do piano de João Donato, assiste-se a uma celebração da beleza e da vida, uma certa *joy forever*, como quem faz o elogio da transparência. Eis a palavra certa para este álbum: transparência. Uma obra de poetas, destinada aos poetas. Jóia rara da recente mpb.

/ WASSER WIND

Celso Fonseca and Ronaldo Bastos have produced a rare work. Liebe Paradiso *provides a dense, vigilant and passionate lyricism. A window to the Other. Compassionate, sympathetic and with a refined economy of means. The totality and the fragment. The more within the less. As if each composition was a solitary voice, nostalgic for a clear and insatiable horizon. Diverse vibrant layers, beneath the same flow of winds, merging here and interweaving there.*

Liebe Paradiso *maintains a slight influence from Mozart between the music and the word. This makes the album more delicate and flowing: a spark of life runs through it. From the trumpet of Márcio Montarroyos to the piano chords of João Donato, enjoy a celebration of beauty and of life, a certain joy forever, as one who praises transparency. This is the right word for this album: transparency. A work of poets, dedicated to poets. A rare jewel in recent mpb (Brazilian popular music).*

Encarte / *Booklet* ***Liebe paradiso***: Fotos de / *Photos by* **Bob Wolfenson**, **Leonel Pereda**, **Ronaldo Bastos** e acervo pessoal / *personal collection* **Denise Bandeira**

Trecho de / *sample of* ***Minos***: poema de / *poem by* **Antonio Cícero →**

Videoclipes: http://bit.ly/1ak6xsV

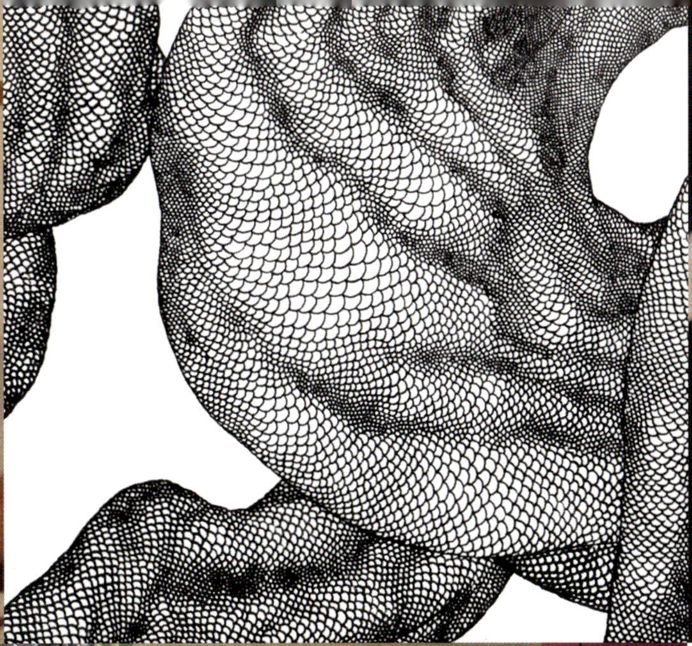

Não ocultei o monstro: Jamais hei de ocultá-lo.
Jamais erguerei paredes para vedá-lo às vistas dos curiosos
e maledicentes. Jamais hei de exilá-lo.
Ao contrário:
Plantei-o no trono do salão central do palácio que ergui
para abrigá-lo, na capital do meu reino, no umbigo desta
ilha que eu mesmo tornei eixo do mundo.
Que para ele convirjam todos os turistas, todas as rotas
marinhas, todas as linhas aéreas, todos os cabos submarinos,
todas as redes siderais.

Quero a utopia, quero tudo e mais
quero a felicidade dos olhos de um pai
quero ver nas ruas muita gente feliz
quero que a justiça reine em meu país

Quero a liberdade, quero o vinho e o pão
quero ser amizade, quero amor, prazer
quero nossa cidade sempre ensolarada
os meninos e o povo no poder, eu quero ver

São José da Costa Rica, coração civil
me inspire no meu sonho de amor Brasil
se o poeta é o que sonha o que vai ser real
bom sonhar coisas boas que o homem faz
e esperar pelos frutos no quintal

Sem polícia, nem a malícia, nem feitiço, cadê poder?
viva a preguiça, viva a malícia que só a gente é que sabe ter
Assim dizendo a minha utopia
eu vou levando a vida, eu vou viver bem melhor
doido pra ver o meu sonho teimoso
um dia se realizar.

Capa e fotos do encarte / *Album cover and booklet photos* **Outubro:**
Arquivo pessoal do compositor / *Composer's personal collection*

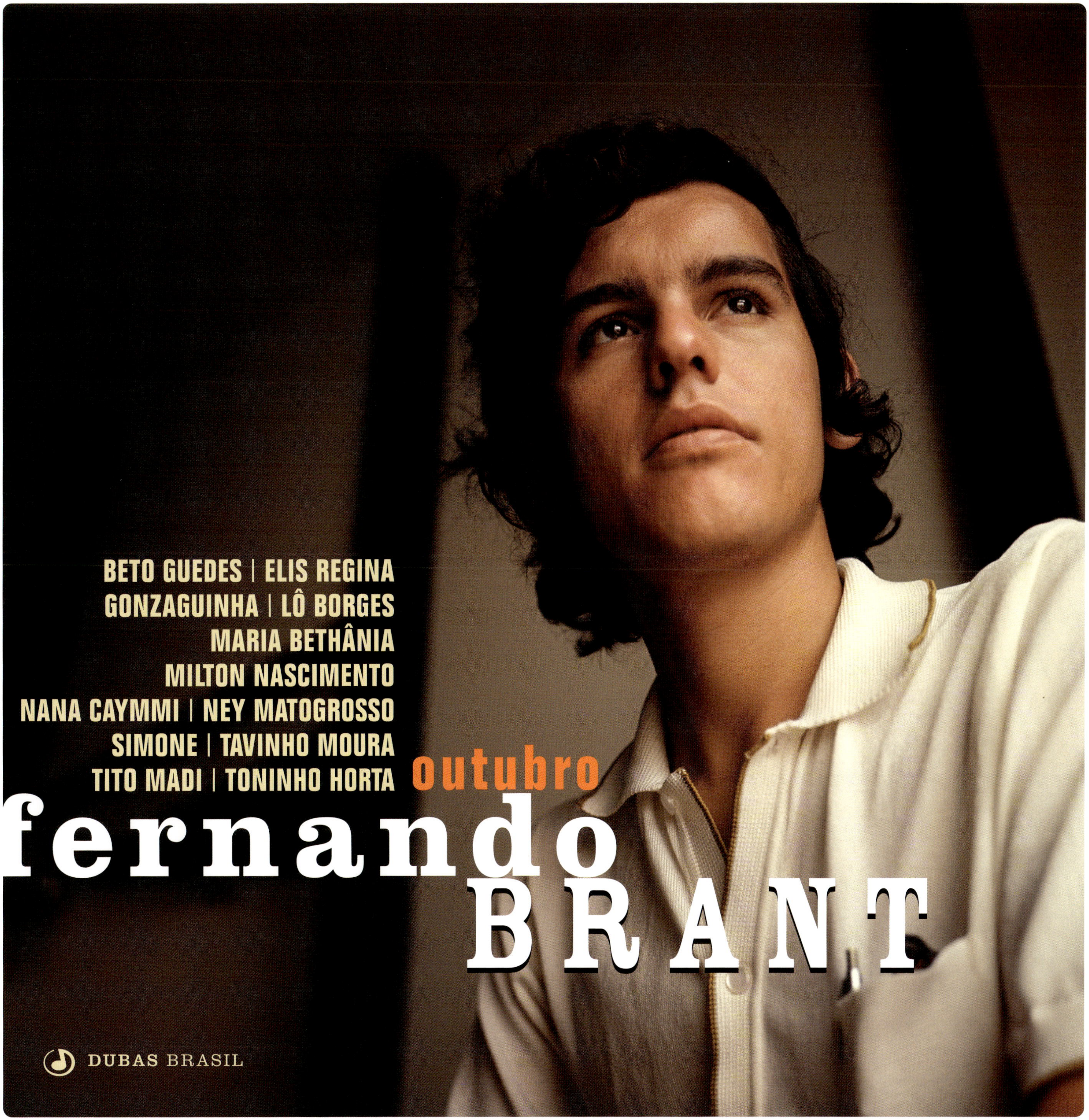
BETO GUEDES | ELIS REGINA
GONZAGUINHA | LÔ BORGES
MARIA BETHÂNIA
MILTON NASCIMENTO
NANA CAYMMI | NEY MATOGROSSO
SIMONE | TAVINHO MOURA
TITO MADI | TONINHO HORTA
outubro
fernando
BRANT
DUBAS BRASIL

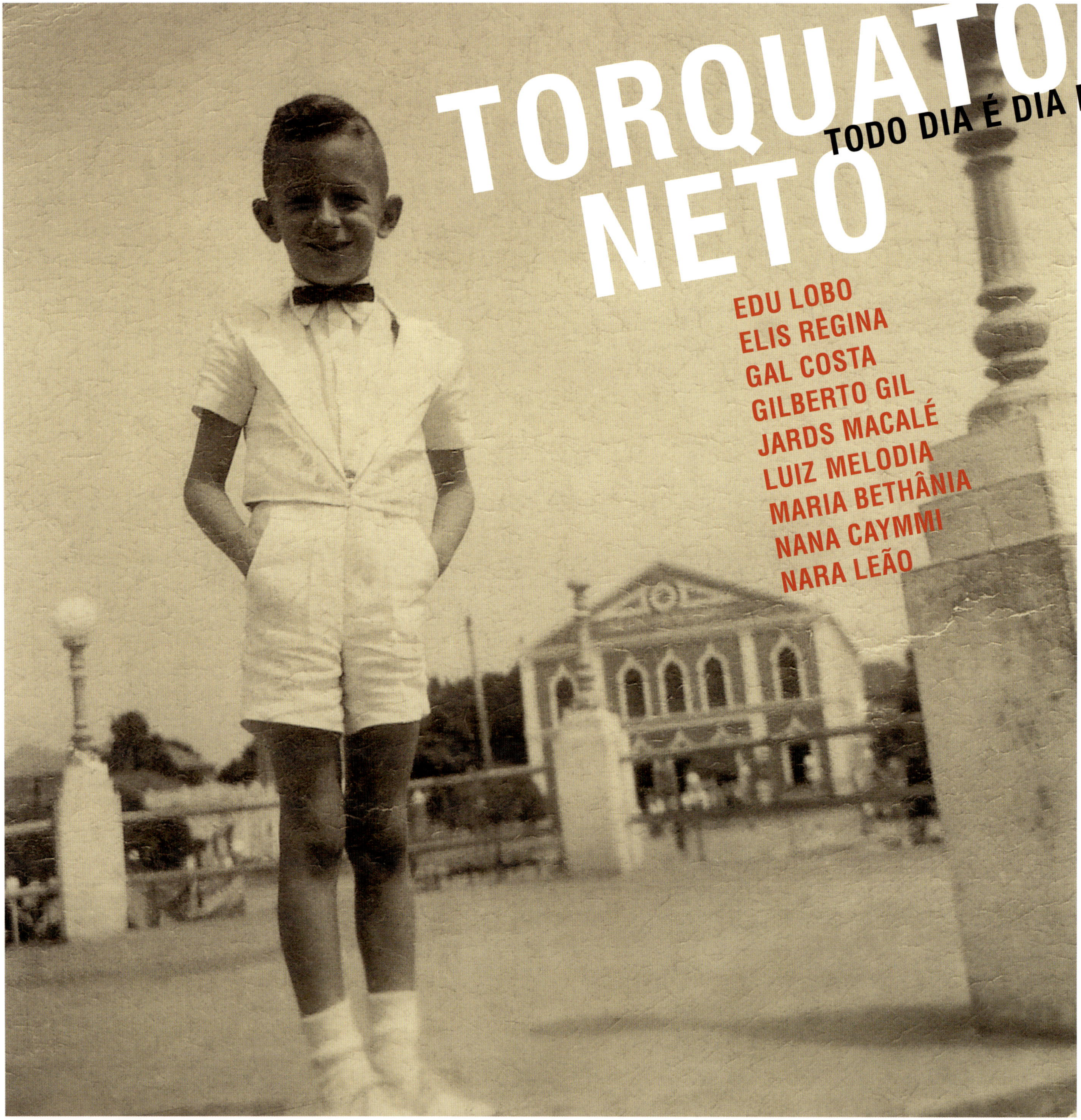
TORQUATO
NETO
TODO DIA É DIA D
EDU LOBO
ELIS REGINA
GAL COSTA
GILBERTO GIL
JARDS MACALÉ
LUIZ MELODIA
MARIA BETHÂNIA
NANA CAYMMI
NARA LEÃO

pra dizer adeus
(edu lôbo+torquato)

adeus
vou pra não voltar
e onde quer que eu vá
sei que vou sòzinho
tão sozinho amor
nem é bom pensar
que eu não volto mais
dêsse meu caminho
ah, pena eu não saber
como te contar
que o amor foi tanto
e no entanto eu queria dizer
vem
eu só sei dizer
vem
nem que seja só
pra dizer adeus

LET PLAY THAT
(macalé+torquato neto)

QXuando eu nasci
um anjo louco muito louco
veio ler a minha mão
não era um anjo barroco
era um anjo muito louco, torto
com asas de avião
eis que asse anjo me disse
apertando a minhq mão
com um sorriso entre dentes
vai bicho desafinar
o coro dos contentes
vai bicho desafinar
o coro dos contentes
Let play that

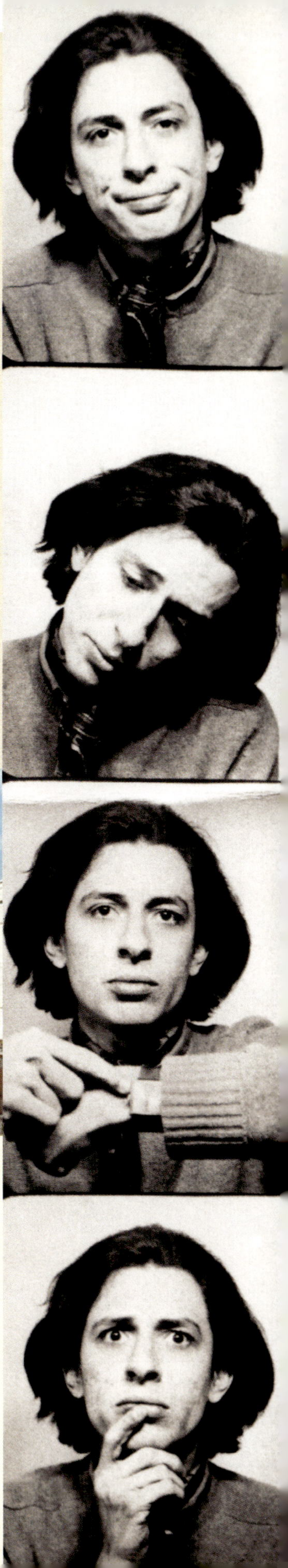

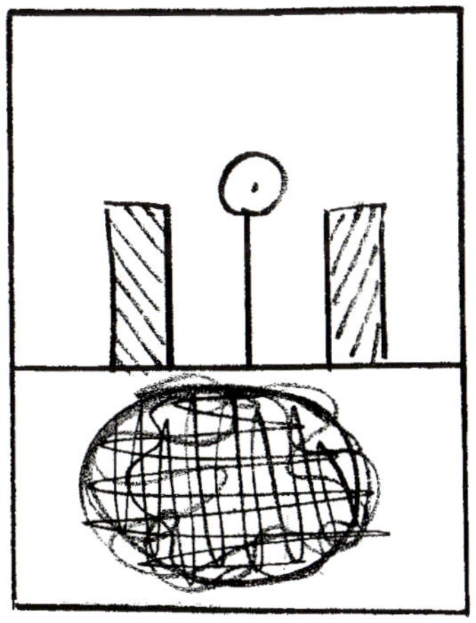

Capa e fotos encarte / *Album cover and booklet photos* ***Todo dia é dia D***: Arquivo pessoal / *Personal collection* **Ana Maria Duarte**

INSTANTE

Capa / *Album cover* ***Belê***: Foto arquivo pessoal do artista / *Artist's personal photo* →

belê
JAN 72

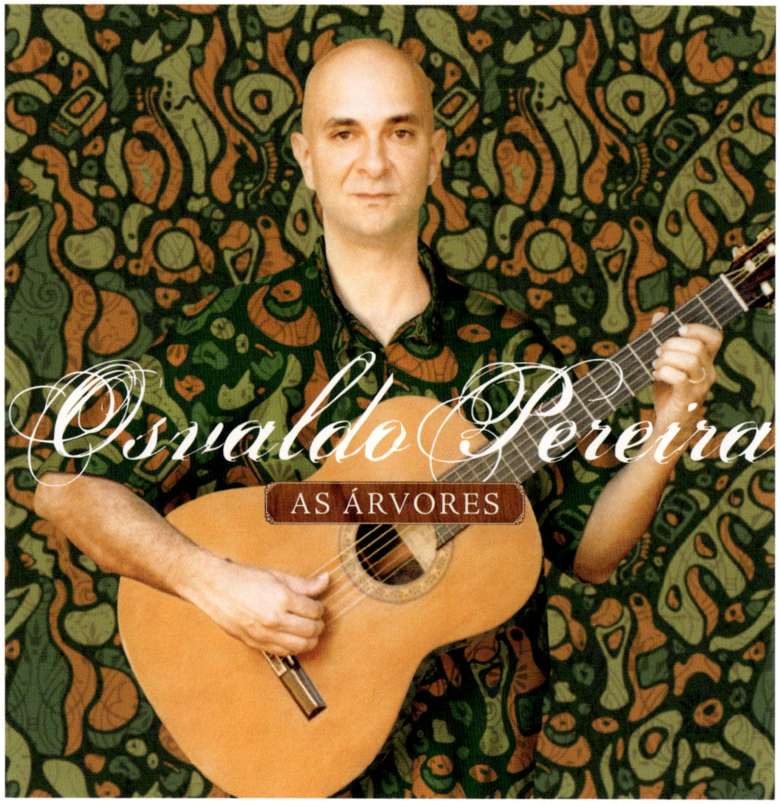

Capa / *Album cover* ***As árvores***
Capa / *Album cover* ***Água lusa***: Foto de / *Photo by* **João Passos**
Capa / *Album cover* ***Presente***: Foto de / *Photo by* **Beti Niemeyer** →

DELIA
FISCHER
PRESENTE
DUBAS

No início da década de 50, Tito Madi chegou ao Rio de Janeiro para se tornar um dos grandes nomes da música popular brasileira. Sua presença foi fundamental, ao lado de Dolores Duran, Johnny Alf e um iniciante Tom Jobim, para a transformação do samba-canção – que teve em Tito um de seus maiores criadores e compositores –, rumo à bossa nova. Apesar de ser um artista essencialmente romântico, suas belas melodias e letras carregadas de sentimento já recorriam a harmonias sofisticadas, uma das características marcantes do movimento que se seguiu.

A complexidade de suas composições e a carga de emoção nelas contida contribuíram para o surgimento de uma maneira mais intimista de se interpretar uma canção. Seu estilo influenciou, entre outros, Roberto Carlos, seu fã confesso. Como compositor foi gravado por artistas como Elizeth Cardoso, Elza Soares, Maysa, Clara Nunes e Maria Bethânia. Sua composição "Chove Lá Fora" tornou-se um dos grandes clássicos na história da música brasileira.

Em *Ilhas cristais*, Tito Madi volta a mostrar que é o seu melhor intérprete. Apresenta nove canções de sua autoria entre muitas ainda inéditas, parcerias com Guilherme de Brito, Mario Telles e Paulo César Pinheiro, e leituras delicadas de autores como Ary Barroso, Milton Nascimento, Fernando Brant, Sueli Costa, Abel Silva, Flávio Venturini e Murilo Antunes.

At the beginning of the 1950's, Tito Madi arrived in Rio de Janeiro to become one of the great names of Brazilian popular music. His presence was fundamental, along with Dolores Duran, Johnny Alf and a young Tom Jobim, in the transformation from samba-canção *– in which Tito was one of its most important creators and composers –, to bossa nova. Despite being an essentially romantic artist, his beautiful melodies and lyrics full of sentiment already applied to sophisticated harmonies, one of the defining characteristics of the movement that followed.*

The complexity of his compositions and the emotional charge contained in them contributed to the emergence of a more intimate way of interpreting a song. His style influenced, among others, Roberto Carlos, his confessed fan. As a composer, he was recorded by artists such as Elizeth Cardoso, Elza Soares, Maysa, Clara Nunes and Maria Bethânia. His song "Chove Lá Fora" became one of the great classics in the history of Brazilian music.

In Ilhas cristais, *Tito Madi proves that he is his own best interpreter. He presents nine of his own songs, among many still unreleased, partnerships with Guilherme de Brito, Mario Telles and Paulo César Pinheiro, and delicate interpretations of writers such as Ary Barroso, Milton Nascimento, Fernando Brant, Sueli Costa, Abel Silva, Flávio Venturini and Murilo Antunes.*

Foto do encarte / *Booklet photo* ***Ilhas cristais***: Arquivo pessoal do artista / *Artist's personal collection*
Capa / *Album cover* ***Ilhas cristais***: Foto de / *Photo by* **Bob Wolfenson** →

tito madi ilhas cristais

BRAZILIAN
MÚSICA
MUSIC
É A NOSSA
INSPIRED BY
PRAIA
THE SEA

Capa / *Album cover* ***Na cadência do samba***
Capa / *Album cover* ***Wave - Nós e o mar*** →

DUBAS BRASIL
wave
nós e o mar
brazilian music inspired by the sea
ALAÍDE COSTA | CAETANO VELOSO | CHICO BUARQUE | DORI CAYMMI | EDU LOBO | GAL COSTA | JOHNNY ALF
JOYCE | JUSSARA SILVEIRA | LÚCIO ALVES | LUIZ MELODIA | NANA CAYMMI | NARA LEÃO | WANDA SÁ

Capa / *Album cover* **Let's Walter Wanderley** →

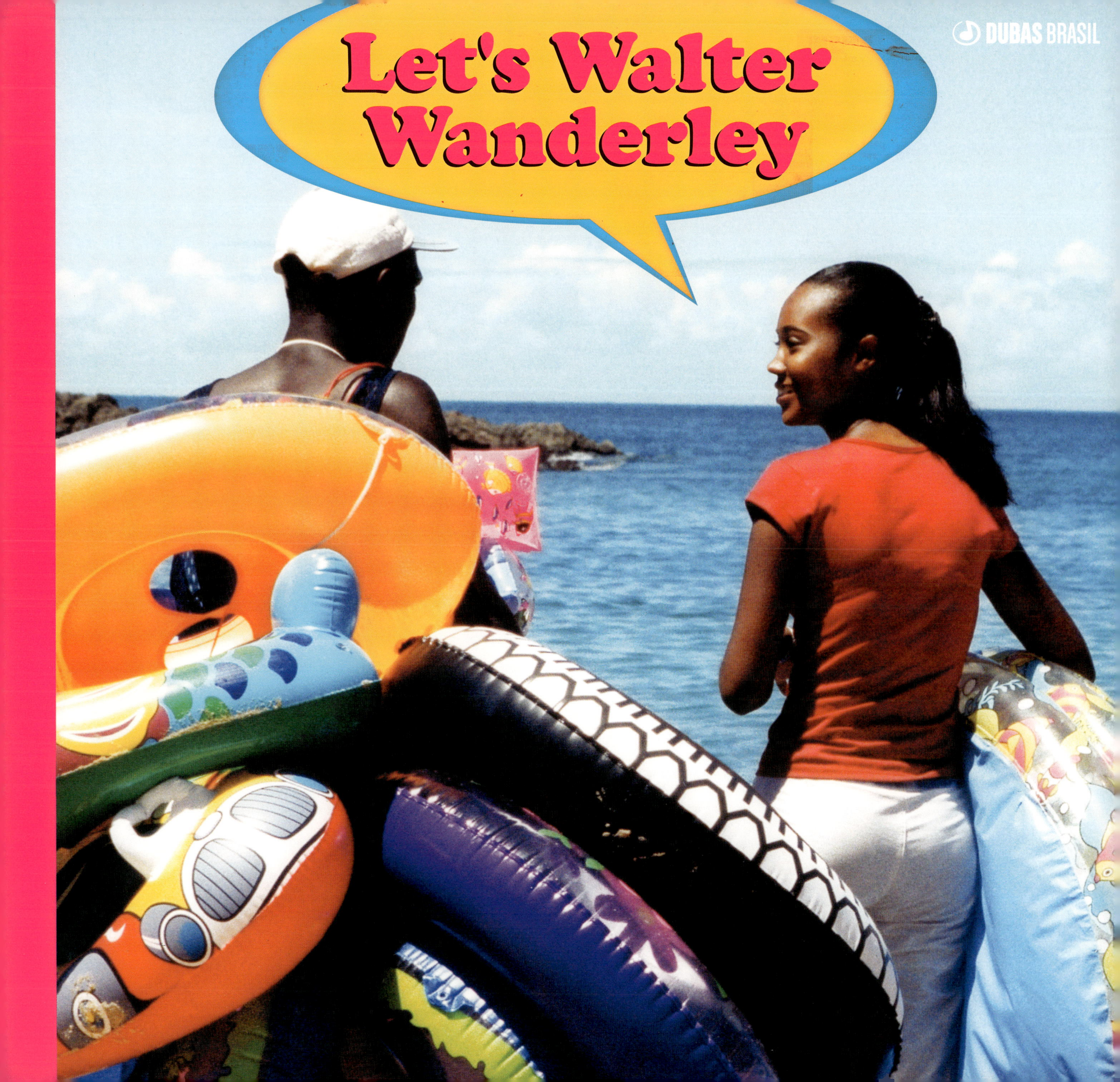
DUBAS BRASIL
Let's Walter Wanderley

Capa / *Album cover* ***Samba e progresso***
Capa / *Album cover* ***Flor bailarina***: Foto de / *Photo by* **Sergio Guerra**
Capa / *Album cover* ***Abstraia, baby***: Foto de / *Photo by* **Mazzo Guimarães**
Capa / *Album cover* ***Moderna nostalgia Brasil*** →

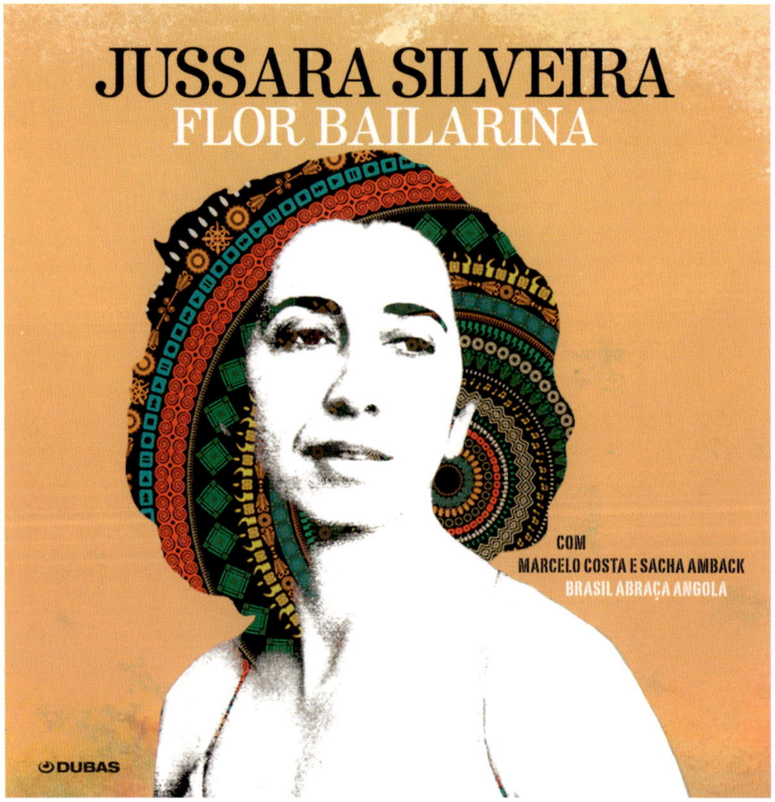

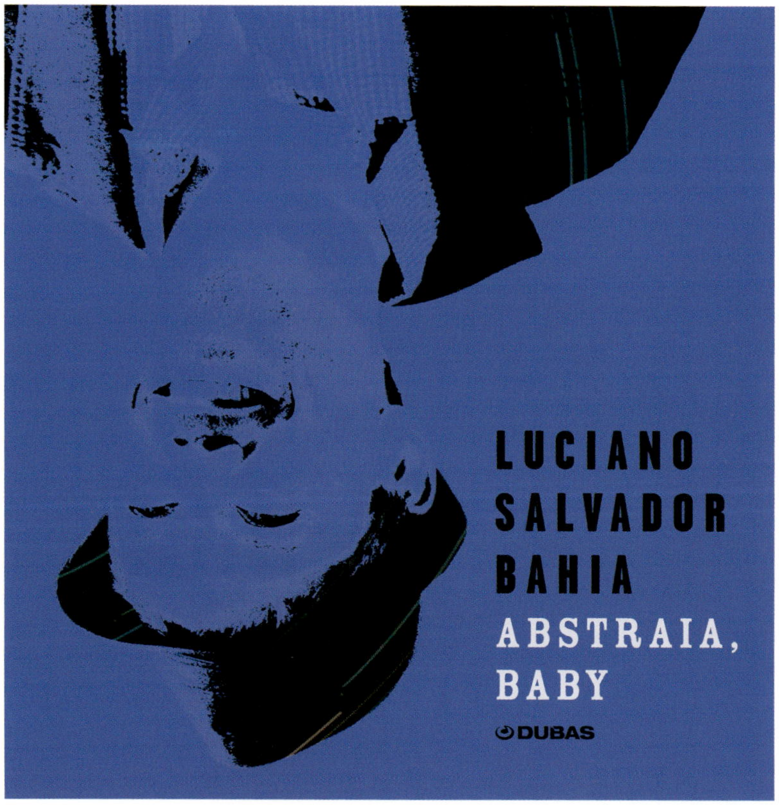

DUBAS BRASIL
MODERNA
NOSTALGIA
BRASIL
Agostinho dos Santos | Carlos Lyra | Dick Farney | Dóris
Monteiro | Elizete Cardoso | Johnny Alf | Lúcio Alves | Maysa
Nara Leão | Norma Bengell | Os Cariocas | Quarteto em Cy
Sérgio Ricardo | Sylvia Telles | Tamba Trio | Tito Madi

NEGRO É LINDO. BLACK IS BEAUTIFUL

Capa da reedição / *Re-edition album cover* ***Feito para ouvir***: Foto arquivo pessoal do artista / *Artist's personal collection photo* →
Edição dedicada a / *Edition dedicated to* **Johnny Alf**

EMÍLIO
SANTIAGO
FEITO PARA
OUVIR
DUBAS

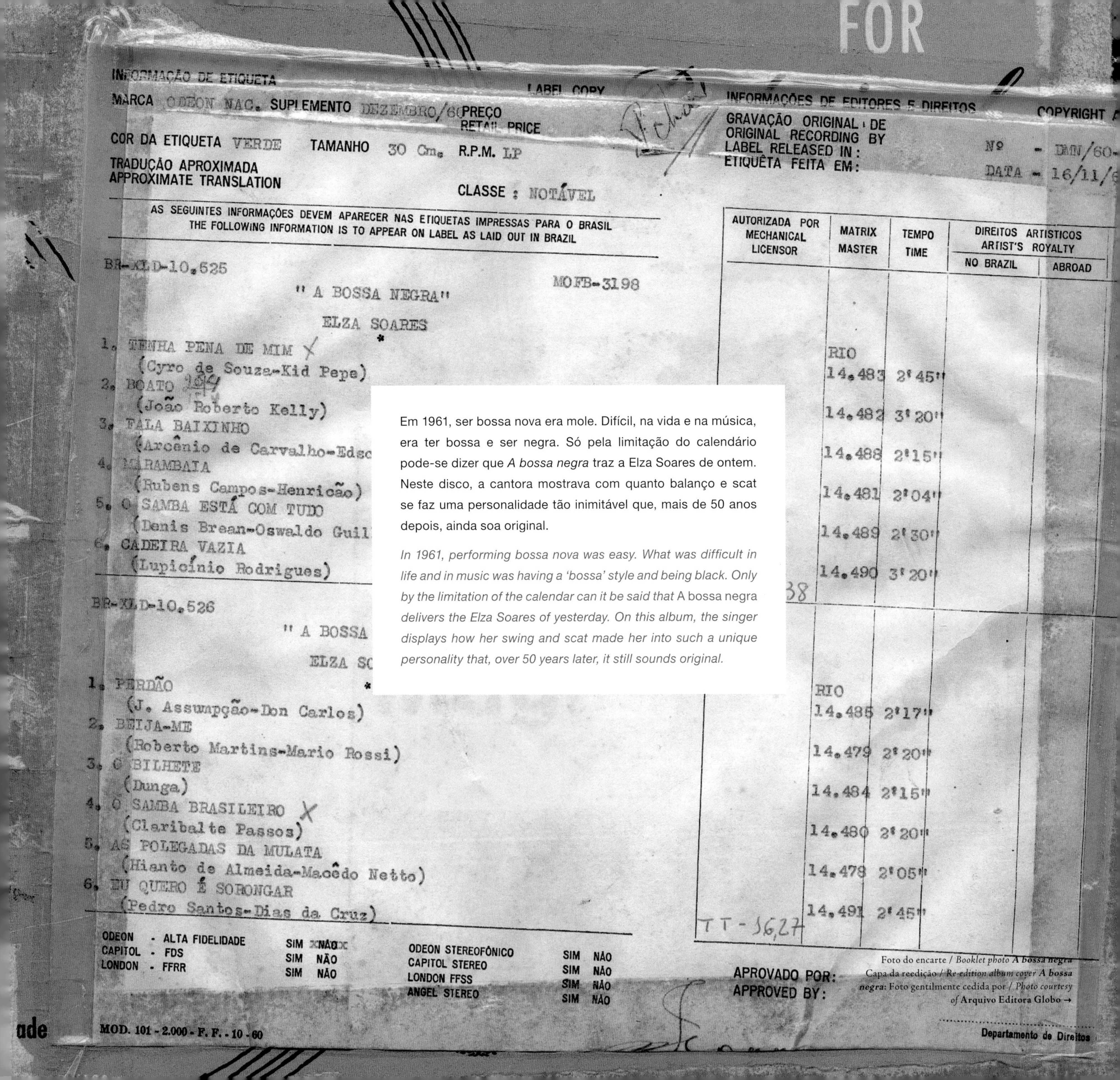

INFORMAÇÃO DE ETIQUETA

LABEL COPY

MARCA ODEON NAC. SUPLEMENTO DEZEMBRO/60 PREÇO RETAIL PRICE

COR DA ETIQUETA VERDE TAMANHO 30 Cm. R.P.M. LP

TRADUÇÃO APROXIMADA
APPROXIMATE TRANSLATION

CLASSE : NOTÁVEL

INFORMAÇÕES DE EDITORES E DIREITOS

COPYRIGHT

GRAVAÇÃO ORIGINAL DE
ORIGINAL RECORDING BY
LABEL RELEASED IN :
ETIQUÊTA FEITA EM :

Nº - DMN/60-

DATA - 16/11/6

AS SEGUINTES INFORMAÇÕES DEVEM APARECER NAS ETIQUETAS IMPRESSAS PARA O BRASIL
THE FOLLOWING INFORMATION IS TO APPEAR ON LABEL AS LAID OUT IN BRAZIL

	AUTORIZADA POR MECHANICAL LICENSOR	MATRIX MASTER	TEMPO TIME	DIREITOS ARTISTICOS ARTIST'S ROYALTY NO BRAZIL	ABROAD
BR-XLD-10.525 MOFB-3198 "A BOSSA NEGRA" ELZA SOARES *		RIO			
1. TENHA PENA DE MIM (Cyro de Souza-Kid Pepe)		14.483	2'45"		
2. BOATO (João Roberto Kelly)		14.482	3'20"		
3. FALA BAIXINHO (Arcênio de Carvalho-Edso		14.488	2'15"		
4. MARAMBAIA (Rubens Campos-Henricão)		14.481	2'04"		
5. O SAMBA ESTÁ COM TUDO (Denis Brean-Oswaldo Guil		14.489	2'30"		
6. CADEIRA VAZIA (Lupicínio Rodrigues)		14.490	3'20"		
BR-XLD-10.526 "A BOSSA ELZA SO *		RIO			
1. PERDÃO (J. Assumpção-Don Carlos)		14.485	2'17"		
2. BEIJA-ME (Roberto Martins-Mario Rossi)		14.479	2'20"		
3. O BILHETE (Dunga)		14.484	2'15"		
4. O SAMBA BRASILEIRO (Claribalte Passos)		14.480	2'20"		
5. AS POLEGADAS DA MULATA (Hianto de Almeida-Macêdo Netto)		14.478	2'05"		
6. EU QUERO É SORONGAR (Pedro Santos-Dias da Cruz)	TT-3627	14.491	2'45"		

ODEON - ALTA FIDELIDADE SIM NÃO
CAPITOL - FDS SIM NÃO
LONDON - FFRR SIM NÃO

ODEON STEREOFÔNICO SIM NÃO
CAPITOL STEREO SIM NÃO
LONDON FFSS SIM NÃO
ANGEL STEREO SIM NÃO

APROVADO POR:
APPROVED BY:

MOD. 101 - 2.000 - F. F. - 10 - 60

Departamento de Direitos

Em 1961, ser bossa nova era mole. Difícil, na vida e na música, era ter bossa e ser negra. Só pela limitação do calendário pode-se dizer que *A bossa negra* traz a Elza Soares de ontem. Neste disco, a cantora mostrava com quanto balanço e scat se faz uma personalidade tão inimitável que, mais de 50 anos depois, ainda soa original.

In 1961, performing bossa nova was easy. What was difficult in life and in music was having a 'bossa' style and being black. Only by the limitation of the calendar can it be said that A bossa negra *delivers the Elza Soares of yesterday. On this album, the singer displays how her swing and scat made her into such a unique personality that, over 50 years later, it still sounds original.*

Foto do encarte / *Booklet photo* **A bossa negra**
Capa da reedição / *Re-edition album cover* **A bossa negra**: Foto gentilmente cedida por / *Photo courtesy of* Arquivo Editora Globo →

A BOSSA NEGRA
ELZA SOARES

MARKU RIBAS ZAMBA BEN

“Meu estilo é desestilizado, é simples. Faço música diversificada. Misturo tudo, adoro! Claro que algumas coisas não combinam com paladar, pela acidez e outras estranhezas. São inquietos sonemas ávidos por tradução. Onomatopaicos sons, que por todo o dito precisa mais não. Eu sou como vocês, original. Assim como o céu, a água e o chão. A nascente de minha música é a vida em toda sua plenitude!”

“My style is de-stylized, is basic. I make different types of music. I mix everything up, I love it! Of course, some things do not combine very well and leave a bad taste due to their acidity and other quirks. There are restless sounds eager for interpretation. Onomatopoeic sounds, which speak for themselves. I am like you, original. Like the sky, the water and the earth. My music originates from life in all its fullness!”

CASSIANO COLEÇÃO

Cantor, compositor, instrumentista versátil, Cassiano incorporou o soul, o funk e a disco music aos ritmos brasileiros em três álbuns antológicos gravados nos anos 70. O mais importante discípulo de Cassiano, Ed Motta seleciona suas gravações favoritas entre as originais do mestre.

Singer, composer and versatile instrumentalist, Cassiano incorporated soul, funk and disco music to Brazilian rhythms in three anthological albums recorded in the 1970’s. Ed Motta, his most important disciple, has selected his favorite recordings from the originals.

← Ilustração do encarte / *Booklet illustration* ***Zamba ben***
Capa/ *Album cover* ***Zamba ben***
Capa / *Album cover* ***Cassiano coleção***: Foto de / *Photo by* **Paulo Ricardo**
CDs compilados por / *Albums compiled by* **Ed Motta**

Foto do encarte / *Booklet photo* ***Alaíde Costa***: Arquivo pessoal do artista / *Artist's personal collection*
Capa / *Album cover* ***Alaíde Costa***: Foto arquivo pessoal do artista / *Artist's personal collection photo* →

alaídecosta

Aqui não há tempo nem hora

para trama e confusão

Rótulo / *CD label* **Bar do mineiro**
Capa / *Album cover* **Bar do mineiro**: Foto de / *Photo by* **Cafi** →

DUBAS BRASIL
BAR DO MINEIRO SANTA TERESA RIO DE JANEIRO
AFFONSINHO | CAETANO VELOSO | CÁSSIA ELLER | CHICO BUARQUE | ELZA SOARES | GAL COSTA | GILBERTO GIL
JORGE BEN | JORGE MAUTNER | JUSSARA SILVEIRA | LANLAN | LUIZ MELODIA | NEY MATOGROSSO | NOVOS BAIANOS
OS PARALAMAS DO SUCESSO | PEDRO LUÍS E A PAREDE | TERESA CRISTINA E GRUPO SEMENTE
A TRILHA SONORA DAS CIDADES
BRASILEIRAS ATRAVÉS DE SEUS BARES

DUBAS
BAR DO MINEIRO VOL.2
SANTA TERESA RIO DE JANEIRO
BOATO | CHICO BUARQUE | DOMENICO LANCELOTTI | ELIS REGINA | ELZA SOARES
FERNANDA ABREU | FINO COLETIVO | GAL COSTA | LELEO | LUIZ MELODIA | MARKU RIBAS | MART'NÁLIA
NEY MATOGROSSO | NOVOS BAIANOS | PAULINHO DA VIOLA | PEDRO LUÍS E A PAREDE | ROBERTA SÁ
A TRILHA SONORA DAS CIDADES
BRASILEIRAS ATRAVÉS DE SEUS BARES

← Capa / *Album cover* ***Bar do mineiro - volume 2***
Capa / *Album cover* ***Entre, leia e ouça***

PIMBA.
O MUNDO TÁ PEGANDO FOGO / THE WORLD IS SHAKING

Novas formas para surpreender e transformar.
A pegada da galera que bebe da fonte mas prefere fazer diferente...

*New ways to surprise and transform.
The sound of the crowd that drinks from the source but prefers to do it differently...*

Imagens do encarte / *Booklet images* ***Fino coletivo***

Capa / *Album cover* ***Fino coletivo*****:** ***Ônibus incendiado*** (placa de metal, 2003) de / *by* **Guga Ferraz →**

DUBAS BRASIL
Fino Coletivo

Aprendi que a semente liberta a flor
E a flor se abre para libertar a cor
Como então poderia não
Essa cor nos libertar?

A LÓGICA DA LIBERDADE [NENUNG]

Capa / *Album cover* ***Simplesmente***: Foto de / *Photo by* **Marta Castilhos** →

DUBAS
simples
mente
os the
darma lóvers

Capa / *Album cover* ***Ritmo explosivo***: Foto de / *Photo by* **Rafael Lopes**
Capa / *Album cover* ***A estética do rabisco***: Foto de / *Photo by* **Luiz Frota**

Capa / *Album cover* ***Serenade of a sailor*: *O desprezo é a amnésia dolosa*** (aquarela e guache s/ papel, 2010), de / *by* **Danielle Carcav** (Amarelonegro Arte Contemporânea). Foto de / *Photo by* **Pedro Victor** →

MOMO
SERENADE OF A SAILOR

1500 x 1500 PIXELS

DUBAS
DIGITAL

2116 - 256 kbps

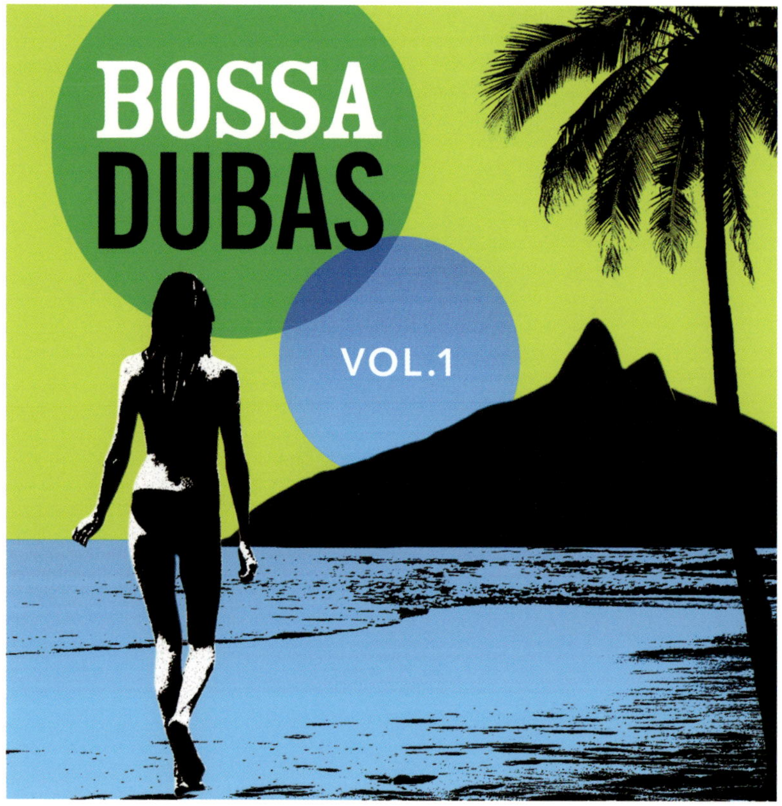

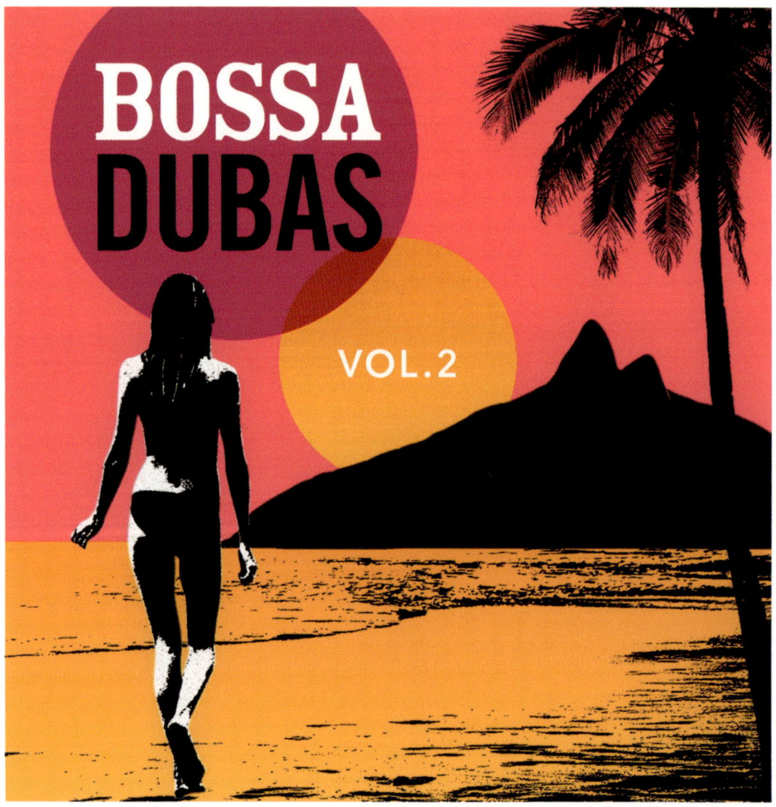

← Capas / *Album covers* ***Bossa Dubas - volumes 1, 2 e 3***
Capa / *Album cover* ***Tavinho Moura Sinfônico***
Capa / *Album cover* ***Insano***: Foto de / *Photo by* Tiago Martins Rêgo
Capa / *Album cover* ***Contra baixo astral***: Foto de / *Photo by* Pardal

SYLVIA TELLES IT MIGHT AS WELL BE SPRING
MARCOS VALLE
JET-SAMBA
bossa jazz DELUXE
A BOSSA NEGRA
ELZA SOARES
bossa nova lounge / CORCOVADO
O Maravilhoso Mundo Musical de
NELSON ANGELO
TEMPOS DIFERENTES
STEREO
TAKE A FRESH LOOK 60 HITS FROM 3 PONTAS BRASIL
3PONTASBRASIL
FOR PROMOTIONAL USE ONLY. NOT FOR SALE
A BOSSA MUITO MODERNA de JOÃO DONATO E SEU TRIO
celso fonseca e ronaldo bastos juventude / slow motion bossa nova
1. samba é tudo 4:57 2. satélite bar 4:02 3. o que restou do nosso amor 3:22
4. slow motion bossa nova 4:50 5. valeu 5:17 6. ledusha com diamantes 4:36
7. a voz do coração 4:57 8. dylan em madrid 5:20 9. feito pra você 4:31
10. miles ahead of time 5:37 11. o sorriso de angkor 4:34 12. meu carnaval 4:58
13. la più bella del mondo 4:38 14. juventude 3:52
DUBAS MÚSICA

ARRANCO DE VARSÓVIA
NA CADÊNCIA DO SAMBA
DUBAS MÚSICA

A BAD DONATO
João Donato's
psychedelicfunkyexperience
DUBAS MÚSICA

Fino Coletivo
DUBAS MÚSICA

RONALDO BASTOS
NUVEM CIGANA
THE CLUBE DA ESQUINA YEARS
DUBAS

BAR DO MINEIRO VOL.2 SANTA TERESA RIODEJANEIRO
DUBAS

ARRANCO DE VARSÓVIA
SAMBA DE PROCRESSO
DUBAS MÚSICA

MARKU RIBAS
Zamba Ben
DUBAS MÚSICA

MOMO
SERENADE
OF A
SAILOR
pimba
TRATORE

MODERNA NOSTALGIA BRASIL
DUBAS MÚSICA

Fino Coletivo
TERÇA-FEIRA
14
50+
BOSSA NOVA DUBAS
MÚSICA MODERNA DE TODOS OS TEMPOS
TALKING HEAD OF TROPICALISMO
LET'S PLAY THAT
ABSOLUTAMENTE ESSENCIAL
DUBAS INDICA
LEIA OS CLÁSSICOS
DUBAS
Pimba
A FESTA DO DISCO
BAR DO MINEIRO
SANTA TERESA RIO DE JANEIRO
SEGUNDA, 23 DE MAIO 2005 - 19H
ESQUINA DE MINAS
WALLPAPER - MAY 2002
wallpaper
música moderna de todos os tempos
Unimed Rio
MARCOS VALLE
MISTURA FINA
16 E 17 DE DEZEMBRO
20 E 23 H
JET-SAMBA
DUBAS INDICA
música perfeita
para viajar, namorar e curtir a vida.
Pimba
wave
DUBAS BRASIL
música moderna de todos os tempos
TIME STANDS STILL FOR THE MUSIC OF JOÃO DONATO
SOUNDTRACK OF A 'VERY MODERN BRAZIL' ARRIVES ON CD
WANDA SÁ
VAGAMENTE

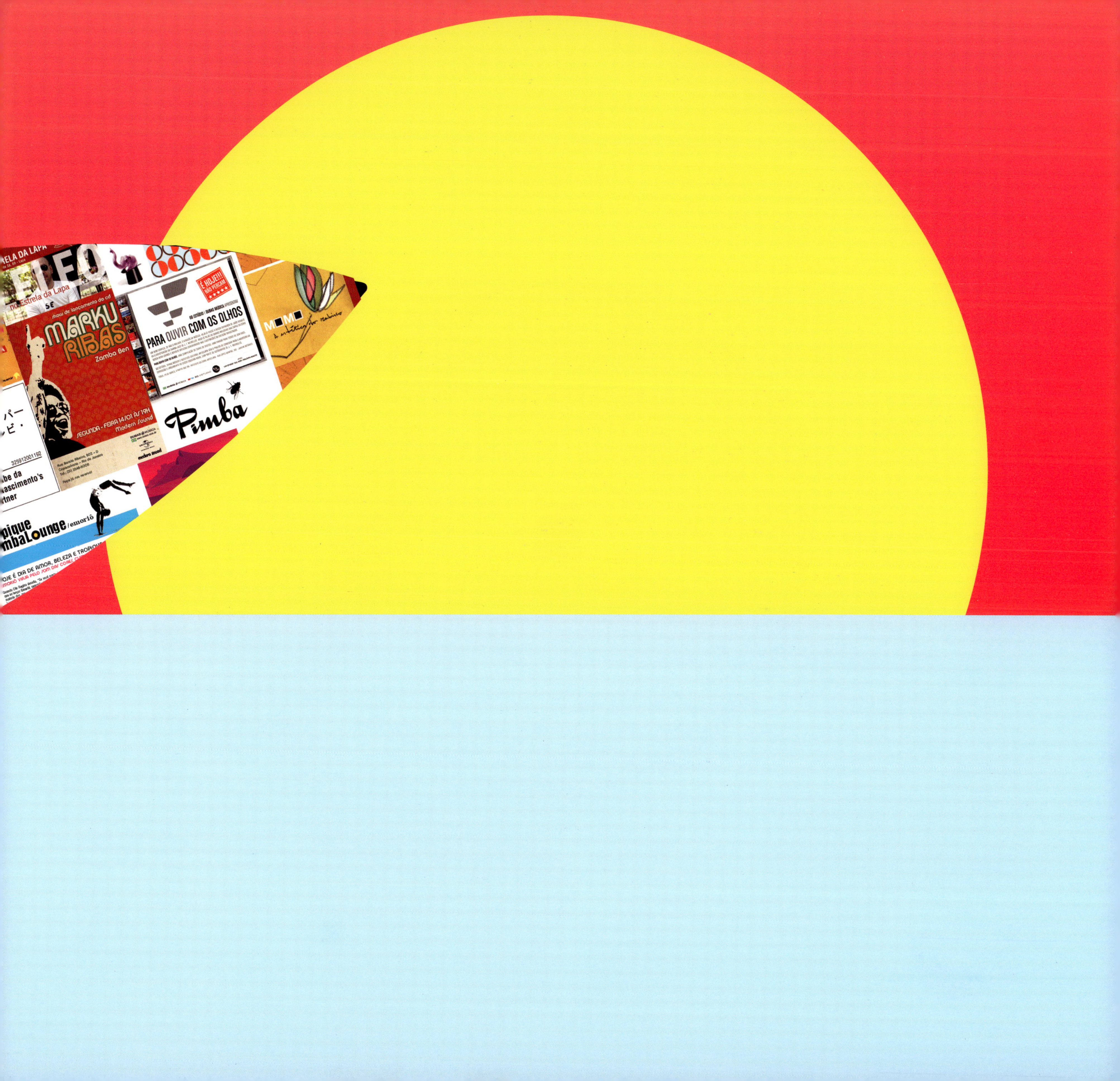

na Estrela da Lapa
show de lançamento do cd
MARKU RIBAS
Zamba Ben
SEGUNDA - FEIRA 14/01 ÀS 19H
Modern Sound
É HOJE!!! NÃO PERCAM
PARA OUVIR COM OS OLHOS
Pimba
Tropique
ZambaLounge/emoriô

TOCAR ATÉ FURAR / TO KEEP ON REPEAT

IT MIGHT AS WELL BE SPRING / **SYLVIA TELLES**

1. IT MIGHT AS WELL BE SPRING / 2. RAIN / 3. VOCÊ / 4. BALANÇO ZONA SUL / 5. IMAGE / 6. PARDON MY ENGLISH / 7. TETÊ / 8. BUT NOT FOR ME / 9. IF YOU WENT AWAY / 10. BAUBLES, BANGLES AND BEADS / 11. SURFIN' IN RIO / 12. THE FACE I LOVE

ELENCO / 1965 – DUBAS / 2004

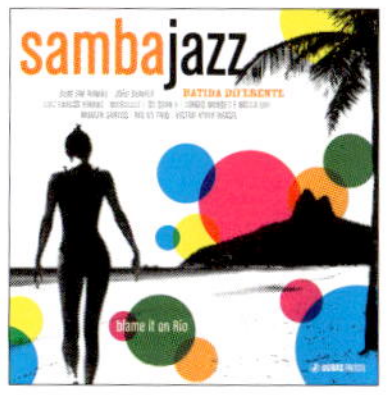

SAMBAJAZZ / BATIDA DIFERENTE

1. ELA É CARIOCA **SERGIO MENDES E BOSSA RIO** / 2. ABOIO **LUIZ CARLOS VINHAS** / 3. QUINTESSÊNCIA **MEIRELLES E OS COPA 5** / 4. UPA, NEGUINHO **RIO 65 TRIO** / 5. NEURÓTICO **MEIRELLES E OS COPA 5** / 6. ÁFRICA **DOM UM ROMÃO** / 7. PRIMITIVO **SERGIO MENDES E BOSSA RIO** / 8. FEITIÇO DA VILA **VICTOR ASSIS BRASIL** / 9. COISA Nº 7 **MOACIR SANTOS** / 10. SERELEPE **MEIRELLES E OS COPA 5** / 11. MEU FRACO É CAFÉ FORTE **RIO 65 TRIO** / 12. BLUECHANGA **JOÃO DONATO** / 13. BECO DO GUSMÃO **MEIRELLES E OS COPA 5**

DUBAS / 2006

BOSSAJAZZ / DELUXE

1. CANÇÃO DO SAL [SALT SONG] **STANLEY TURRENTINE** / 2. SUK CHA **MOACIR SANTOS** / 3. TRISTE **OSCAR PETERSON** / 4. TAKATANGA **ANTONIO CARLOS JOBIM** / 5. MANHÃ DE CARNAVAL [THE THEME FROM BLACK ORPHEUS] **PAUL DESMOND** / 6. INSENSATEZ [HOW INSENSITIVE] **WES MONTGOMERY** / 7. AOS PÉS DA CRUZ **MILES DAVIS** / 8. MEDITAÇÃO **DEXTER GORDON**

DUBAS / 2003

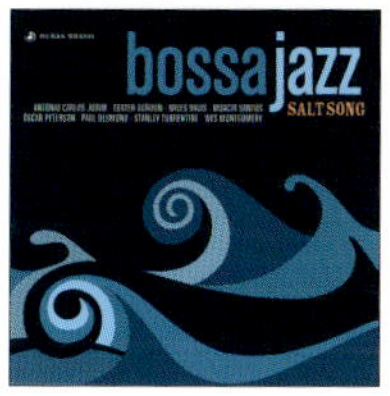

BOSSAJAZZ / SALT SONG

1. AQUARIUS **CAL TJADER** / 2. MARTA E ROMÃO **PAUL DESMOND** / 3. TEREZA MY LOVE **ANTONIO CARLOS JOBIM** / 4. OUTRA VEZ **STAN GETZ** / 5. MOÇA FLOR **WES MONTGOMERY** / 6. COISA Nº 9 **MOACIR SANTOS** / 7. WAVE **OSCAR PETERSON** / 8. DESAFINADO **QUINCY JONES** / 9. CORCOVADO **SERGIO MENDES & BOSSA RIO**

DUBAS / 2003

JAZZSAMBA / COPACABANA

1. SE VOCÊ DISSER QUE SIM **EDISON MACHADO** / 2. SAMBA DE ORFEU **PAULO MOURA** / 3. NEBULOSA **TENÓRIO JR.** / 4. NEM O MAR SABIA **LUIZ CARLOS VINHAS** / 5. NAQUELA BASE **VICTOR ASSIS BRASIL** / 6. COISA Nº 2 **MOACIR SANTOS** / 7. TEM DÓ **RIO 65 TRIO** / 8. NORDESTE **MEIRELLES E OS COPA 5** / 9. SÓ DANÇO SAMBA **SERGIO MENDES** / 10. OLHOU PRA MIM **RAUL DE SOUZA** / 11. JANGAL **DOM UM ROMÃO** / 12. NÕA... NÕA... **SERGIO MENDES & BOSSA RIO** / 13. BATIDA DIFERENTE **TAMBA TRIO** / 14. DIZ QUE FUI POR AÍ **MEIRELLES E OS COPA 5**

DUBAS / 2004

CHICO REVISITADO / **CHICO BUARQUE**

DE CHICO BUARQUE DE HOLANDA Nº 4 1970 A CHICO BUARQUE 1984

1. ESSA MOÇA TÁ DIFERENTE / 2. GENTE HUMILDE / 3. POIS É / 4. COTIDIANO / 5. VALSINHA / 6. TATUAGEM / 7. CUIDADO COM A OUTRA / 8. ACORDA AMOR / 9. O QUE SERÁ [À FLOR DA TERRA] / 10. HOMENAGEM AO MALANDRO / 11. ATÉ O FIM / 12. BYE BYE BRASIL / 13. AS VITRINES / 14. BREJO DA CRUZ / 15. SAMBA DO GRANDE AMOR

DUBAS / 2004

GIL REVISITADO / **GILBERTO GIL**

DE LOUVAÇÃO 1967 A REFAVELA 1977

1. RODA / 2. A RUA / 3. PROCISSÃO / 4. MAMMA / 5. CHICLETE COM BANANA / 6. CANTO DA EMA / 7. BATMAKUMBA / 8. CÉREBRO ELETRÔNICO / 9. VITRINES / 10. REFAZENDA / 11. AQUI E AGORA / 12. EU SÓ QUERO UM XODÓ / 13. MARACATU ATÔMICO / 14. QUEREMOS SABER

DUBAS / 2004

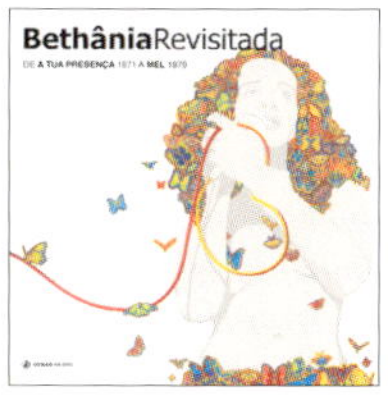

BETHÂNIA REVISITADA / **MARIA BETHÂNIA**

DE A TUA PRESENÇA 1971 A MEL 1979

1. IANSÃ / 2. FOLHA MORTA / 3. A TUA PRESENÇA MORENA / 4. OLHE O TEMPO PASSANDO / 5. ESSE CARA | BODAS DE PRATA / 6. ANJO EXTERMINADO / 7. FESTA / 8. TERESINHA / 9. SONHO MEU / 10. MEL / 11. CHEIRO DE AMOR / 12. AMOR, AMOR / 13. DRAMA

DUBAS / 2005

ELIS REVISITADA / **ELIS REGINA**

DE ELIS, COMO & PORQUE 1969 A ELIS 1974

1. ZAZUEIRA / 2. CORRIDA DE JANGADA / 3. AQUARELA DO BRASIL / NÊGA DO CABELO DURO / 4. MADALENA / 5. EXALTAÇÃO A TIRADENTES / 6. BALA COM BALA / 7. FALEI E DISSE / 8. MEIO DE CAMPO / 9. É COM ESSE QUE EU VOU / 10. BRIGAS NUNCA MAIS / 11. ÁGUAS DE MARÇO / 12. AMOR ATÉ O FIM / 13. AQUELE ABRAÇO / 14. VOU DEITAR E ROLAR

DUBAS / 2005

MELODIA REVISITADO / **LUIZ MELODIA**

DE PÉROLA NEGRA 1973 A PINTANDO O SETE 1991

1. PÉROLA NEGRA / 2. VALE QUANTO PESA / 3. ESTÁCIO, HOLLY ESTÁCIO / 4. MAGRELINHA / 5. CONGÊNITO / 6. BABY ROSE / 7. PRESENTE COTIDIANO / 8. ONDE O SOL BATE E SE FIRMA / 9. MISTÉRIO DA RAÇA / 10. O SANGUE NÃO NEGA / 11. DIVINA CRIATURA / 12. SORRI PRA BAHIA / 13. UM TOQUE / 14. QUE LOUCURA / 15. MAURA / 16. POETA DO MORRO

DUBAS / 2004

GAL REVISITADA / **GAL COSTA**

DE DOMINGO 1967 A MINHA VOZ 1982

1. SAUDOSISMO / 2. FLOR DE MARACUJÁ / 3. FESTA DE RUA / 4. NOITES CARIOCAS / 5. TIGRESA / 6. LÁGRIMAS NEGRAS / 7. THE ARCHAIC LONELY STAR BLUES / 8. BABY / 9. SE VOCÊ PENSA / 10. LÍNGUA DO PÊ / 11. MARIA JOANA / 12. DESAFINADO / 13. MÃE / 14. ETERNAMENTE

DUBAS / 2003

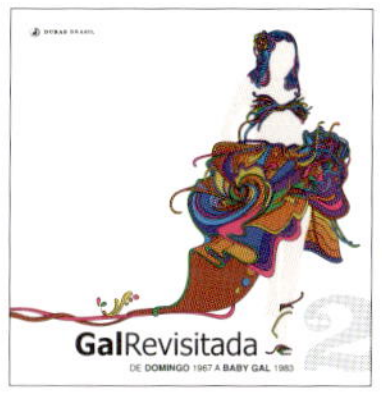

GAL REVISITADA 2 / **GAL COSTA**

DE DOMINGO 1967 A BABY GAL 1983

1. MINHA VOZ, MINHA VIDA / 2. CANDEIAS / 3. NÃO IDENTIFICADO / 4. QUE PENA / 5. SEBASTIANA / 6. HOTEL DAS ESTRELAS / 7. SUA ESTUPIDEZ / 8. FALSA BAIANA / 9. PRESENTE COTIDIANO / 10. CANÇÃO QUE MORRE NO AR / 11. SÓ LOUCO / 12. OLHOS VERDES / 13. FOLHETIM / 14. FACEIRA / 15. MEU NOME É GAL

DUBAS / 2003

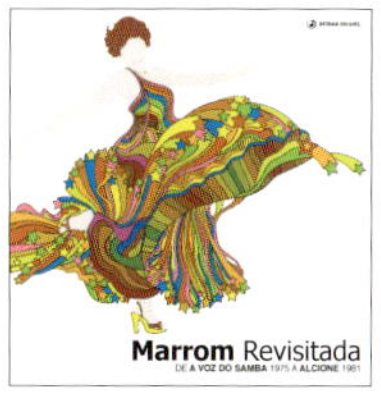

MARROM REVISITADA / **ALCIONE**

DE A VOZ DO SAMBA 1975 A ALCIONE 1981

1. E VAMOS À LUTA / 2. CHEGUEI TARDE / 3. A PONTE / 4. ACORDA QUE EU QUERO VER / 5. ATÉ O DIA DE SÃO NUNCA / 6. O SURDO / 7. DE BABADO / 8. LUTO / 9. TIÊ / 10. EU SEI / 11. SUFOCO / 12. PRA QUE CHORAR / 13. MEU DIA DE GRAÇA / 14. NÃO DEIXE O SAMBA MORRER

DUBAS / 2006

JORGE BEN REVISITADO

DE SAMBA ESQUEMA NOVO 1963 A ÁFRICA BRASIL 1976

1. MAS QUE NADA / 2. TIM DOM DOM / 3. CHOVE, CHUVA / 4. ROSA, MENINA ROSA / 5. OBA LÁ LÁ / 6. A PRINCESA E O PLEBEU / 7. ESPERO POR VOCÊ / 8. CADÊ TEREZA / 9. TAKE IT EASY MY BROTHER CHARLES / 10. OBA, LÁ VEM ELA / 11. ZULA / 12. PORQUE É PROIBIDO PISAR NA GRAMA / 13. O CIRCO CHEGOU / 14. NEGRO É LINDO / 15. QUE MARAVILHA / 16. MENINA MULHER DA PELE PRETA / 17. ZUMBI / 18. SE SEGURA MALANDRO / 19. TAJ MAHAL / 20. A HISTÓRIA DE JORGE

DUBAS / 2006

BOSSA NOVA LOUNGE / LOOK TO THE SKY

1. REMEMBER **ANTONIO CARLOS JOBIM** / 2. SÓ TINHA DE SER COM VOCÊ **ELIS REGINA** / 3. SUMMER SAMBA **WALTER WANDERLEY** / 4. VIVO SONHANDO **WANDA SÁ** / 5. TRISTEZA VAI EMBORA **EDISON MACHADO** / 6. LOST IN THE PARADISE **GAL COSTA** / 7. COISA Nº 1 **MOACIR SANTOS** / 8. VOCÊ **MEIRELLES E OS COPA 5** / 9. GAROTA DE IPANEMA **SERGIO MENDES & BOSSA RIO** / 10. MAS, QUE NADA! **JORGE BEN** / 11. KNOW IT ALL **TAMBA 4** / 12. MUITO À VONTADE **JOÃO DONATO E SEU TRIO** / 13. ELA É CARIOCA **MARCOS VALLE** / 14. LOOK TO THE SKY **ANTONIO CARLOS JOBIM**

DUBAS / 2002

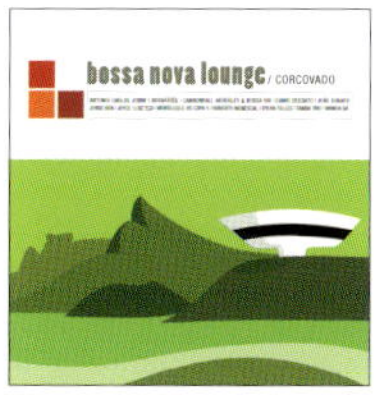

BOSSA NOVA LOUNGE / CORCOVADO

1. SOLO **MEIRELLES E OS COPA 5** / 2. HÔ-BÁ-LÁ-LÁ **JORGE BEN** / 3. MINHA SAUDADE **CANNONBALL ADDERLEY & BOSSA RIO** / 4. ÁGUA DE BEBER **WANDA SÁ** / 5. CORCOVADO **ANTONIO CARLOS JOBIM** / 6. MOÇA FLOR **TAMBA TRIO** / 7. TRISTEZA DE NÓS DOIS **LUIZ EÇA** / 8. VOCÊ E EU **SYLVIA TELLES** / 9. SURFBOARD **ROBERTO MENESCAL** / 10. SÓ DANÇO SAMBA **JOÃO DONATO E SEU TRIO** / 11. ANSIEDADE **JOYCE** / 12. JUCA BOBÃO **BOSSATRÊS** / 13. SAMBA DE UMA NOTA SÓ **EUMIR DEODATO** / 14. SAMBA DO AVIÃO **ANTONIO CARLOS JOBIM**

DUBAS / 2002

BOSSA NOVA LOUNGE / DREAMER

1. JODEL **JOÃO DONATO E SEU TRIO** / 2. DREAMER **SYLVIA TELLES** / 3. DESAFINADO **SERGIO MENDES & BOSSA RIO** / 4. ANOITECEU **NARA LEÃO** / 5. MENINA FLOR **CÉSAR CAMARGO MARIANO** / 6. ILUSÃO À TOA **MARCOS VALLE** / 7. TÂNIA **MEIRELLES E OS COPA 5** / 8. NOITE SÓ **ALAÍDE COSTA** / 9. IRMÃO DE FÉ **PAUL DESMOND** / 10. CORAÇÃO VAGABUNDO **GAL COSTA E CAETANO VELOSO** / 11. BONITA **OS GATOS** / 12. SLOW MOTION BOSSA NOVA **CELSO FONSECA** / 13. AMOR EM PAZ **TAMBA TRIO** / 14. CATAVENTO **MILTON NASCIMENTO** / 15. TRISTE **ANTONIO CARLOS JOBIM** / 16. EU E O CREPÚSCULO **JOHNNY ALF**

DUBAS / 2002

BOSSA NOVA LOUNGE / IPANEMA

1. GAROTA DE IPANEMA **ORQUESTRA** / 2. BALANÇO ZONA SUL **SYLVIA TELLES** / 3. EU PRECISO DE VOCÊ **LUIZ EÇA E ASTOR SILVA** / 4. NEM O MAR SABIA **OS CARIOCAS** / 5. IMAGEM **LUIZ EÇA** / 6. PRECISO APRENDER A SER SÓ **ANNA MARGARIDA** / 7. RAZÃO DE VIVER **OS GATOS** / 8. INÚTIL PAISAGEM [USELESS LANDSCAPE] **ANTONIO CARLOS JOBIM** / 9. PENSATIVA **LUIZ CARLOS VINHAS** / 10. MASCARADA **QUARTETO EM CY** / 11. MARIA MOITA **SERGIO MENDES** / 12. REZA **WANDA SÁ** / 13. DEIXA **BADEN POWELL** / 14. A FELICIDADE **MILTON NASCIMENTO**

DUBAS / 2003

BOSSA NOVA LOUNGE / GENTLE RAIN

1. WATCH WHAT HAPPENS **TAMBA 4** / 2. CHOVENDO NA ROSEIRA **ELIS REGINA E ANTONIO CARLOS JOBIM** / 3. SEU ENCANTO **MARCOS VALLE** / 4. ROSINHA **EDU LOBO** / 5. O MORRO NÃO TEM VEZ **ANTONIO CARLOS JOBIM** / 6. NÃO TEM SOLUÇÃO **NANA CAYMMI** / 7. CHOVE LÁ FORA **NECO** / 8. CHUVAS DE VERÃO **CAETANO VELOSO** / 9. CHUVA **OS GATOS** / 10. INSENSATEZ **ALAÍDE COSTA** / 11. LÁGRIMA FLOR **LYRIO PANICALI** / 12. CHOVE CHUVA **JORGE BEN** / 13. APELO **RIO 65 TRIO** / 14. INÚTIL PAISAGEM **WANDA SÁ** / 15. NUVENS DOURADAS **ANTONIO CARLOS JOBIM**

DUBAS / 2004

BOSSA NOVA LOUNGE / SAMBA DE VERÃO

1. OS GRILOS **OS CATEDRÁTICOS** / 2. SAMBA DE VERÃO **MARCOS VALLE** / 3. MAR, AMAR **WALTER WANDERLEY** / 4. TEMA FELIZ **LENY ANDRADE** / 5. SAMBA DO CARIOCA **MEIRELLES E OS COPA 5** / 6. ESPERO POR VOCÊ **JORGE BEN** / 7. RIO **JOÃO DONATO** / 8. SURFIN' IN RIO **SYLVIA TELLES** / 9. ADRIANA **ROBERTO MENESCAL** / 10. FEITINHA PRO POETA **OS GATOS** / 11. SAMBA DA PERGUNTA **MÁRCIA** / 12. MEDITAÇÃO **EUMIR DEODATO** / 13. DORALICE **JOÃO GILBERTO E STAN GETZ** / 14. ANDORINHA **ANTONIO CARLOS JOBIM**

DUBAS / 2005

DONATO TROPICAL

1. É MENINA **JOÃO DONATO** / 2. A RÃ **GAL COSTA** / 3. BATENDO A PORTA **EMILIO SANTIAGO** / 4. DRUME NEGRINHA **CAETANO VELOSO** / 5. O QUE É QUE A BAIANA TEM **CLARA NUNES** / 6. NANAÊ, NANÃ, NAIANA **SIDNEY DA CONCEIÇÃO** / 7. CALA BOCA MENINO **JOÃO DONATO** / 8. ONDE ANDA O MEU AMOR **ORLANDIVO** / 9. AMAZONAS **NARA LEÃO** / 10. SORRI PRA BAHIA **LUIZ MELODIA** / 11. CAFÉ COM PÃO **NANA CAYMMI** / 12. DEIXA A BAIANA SAMBAR **OS TINCOÃS** / 13. HOMENAGEM A JOÃO GILBERTO: DE CONVERSA EM CONVERSA I TIM TIM POR TIM TIM I EU QUERO UM SAMBA **LENY ANDRADE** / 14. OUTRA VEZ **JOÃO DONATO E SEU TRIO**

DUBAS / 2008

TROPIQUE SAMBA LOUNGE / BELEZA PURA

1. A RÃ **GAL COSTA** / 2. PRESENTE COTIDIANO **LUIZ MELODIA** / 3. CRAVO E CANELA **BANDA BLACK RIO** / 4. MARIA TRÊS FILHOS **MILTON NASCIMENTO** / 5. BANANEIRA **JOÃO DONATO** / 6. NOVOS TEMPOS **MART'NÁLIA** / 7. DEZ MAIS UM AMOR **ED MOTTA** / 8. É COM ESSE QUE EU VOU **ELIS REGINA** / 9. SUÍTE DE SAMBAS: PRA MACHUCAR MEU CORAÇÃO I ROSA MARIA I NÃO TENHO LÁGRIMAS **TAMBA TRIO** / 10. LOUCO POR VOCÊ **CAETANO VELOSO** / 11. NEGA **EMÍLIO SANTIAGO** / 12. ROSA MORENA **NANA CAYMMI** / 13. MARACATU ATÔMICO **GILBERTO GIL** / 14. AQUARELA DO BRASIL **ANTONIO CARLOS JOBIM**

DUBAS / 2002

TROPIQUE SAMBA LOUNGE / SAMBA E AMOR

1. SAMBA E AMOR **NARA LEÃO** / 2. ESSA PASSOU **CARLOS LYRA E CHICO BUARQUE** / 3. NEM EU **GAL COSTA** / 4. A RÃ **JOÃO DONATO** / 5. NEGA DINA **EMÍLIO SANTIAGO** / 6. AMOR ATÉ O FIM **ELIS REGINA** / 7. CHICLETE COM BANANA **GILBERTO GIL** / 8. É ISSO AÍ **ELZA SOARES** / 9. ESSA MOÇA TÁ DIFERENTE **WILSON DAS NEVES** / 10. DESBUNDE TOTAL **JOHNNY ALF** / 11. EMBOLA A BOLA **DJAVAN** / 12. ENLOUQUECI **ALAÍDE COSTA** / 13. POETA DO MORRO **LUIZ MELODIA** / 14. SAMBA DO MALANDRINHO **DOM SALVADOR**

DUBAS / 2003

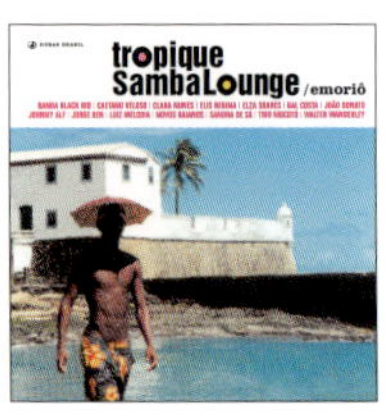

TROPIQUE SAMBA LOUNGE / EMORIÔ

1. NANA DAS ÁGUAS **JOÃO DONATO** / 2. BARÃO BELEZA **ELZA SOARES** / 3. OS GRILOS **WALTER WANDERLEY** / 4. A PRETA DO ACARAJÉ **GAL COSTA** / 5. GEMA **CAETANO VELOSO** / 6. EMORIÔ **JOÃO DONATO** / 7. UM TEMA PRO SIMON **JOHNNY ALF** / 8. CAI DENTRO **ELIS REGINA** / 9. ÁGUAS DE MARÇO **TRIO MOCOTÓ** / 10. MORENA DE ANGOLA **CLARA NUNES** / 11. EU VOU TORCER **JORGE BEN** / 12. OLHOS COLORIDOS **SANDRA DE SÁ** / 13. MARIA FUMAÇA **BANDA BLACK RIO** / 14. CONGÊNITO **LUIZ MELODIA** / 15. FAROL DA BARRA **NOVOS BAIANOS**

DUBAS / 2002

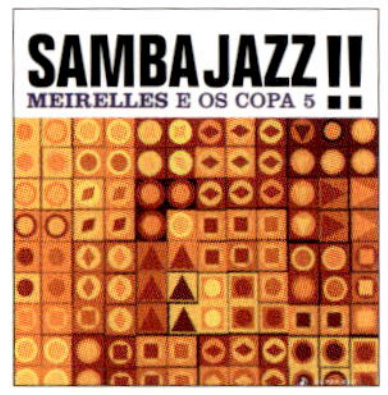

SAMBA JAZZ!! / **MEIRELLES E OS COPA 5**

1. PINTA LÁ / 2. BECO DO GUSMÃO / 3. SENZALA / 4. COPA 5 / 5. MANDINGA / 6. ÚLTIMA PÁGINA / 7. NÃO TEM CAÔ / 8. SUDESTE / 9. SAMBA JAZZ / 10. LEMBRANÇAS

DUBAS / 2002

ESQUEMA NOVO / **MEIRELLES E OS COPA 5**

1. ASA DELTA / 2. ABOIO / 3. ESQUEMA NOVO / 4. VERA CRUZ / 5. KARY E OKA / 6. CÉU E MAR / 7. NAIMA / 8. SOLO / 9. NEURÓTICO / 10. CAPITÃO DO MATO / 11. CASA FORTE / 12. QUINTESSÊNCIA

DUBAS / 2005

VOCÊ AINDA NÃO OUVIU NADA! / **SERGIO MENDES E BOSSA RIO**

1. ELA É CARIOCA / 2. AMOR EM PAZ / 3. COISA Nº 2 / 4. DESAFINADO / 5. PRIMITIVO / 6. NANÃ / 7. CORCOVADO / 8. NÔA... NÔA... / 9. GAROTA DE IPANEMA / 10. NEURÓTICO

PHILIPS / 1964 - DUBAS / 2002

A BOSSA MUITO MODERNA / **JOÃO DONATO E SEU TRIO**

1. DEPOIS DO NATAL / 2. RIO / 3. BLUCHANGA / 4. SÓ DANÇO SAMBA / 5. SAMBONGO / 6. O MORRO NÃO TEM VEZ / 7. SILK STOP / 8. OUTRA VEZ / 9. ÍNDIO PERDIDO / 10. NÔA...NÔA... / 11. VILLA GRAZIA / 12. SAMBOLERO

POLYDOR / 1963 - DUBAS / 2003

A BAD DONATO / **JOÃO DONATO**

1. THE FROG (A RÃ) / 2. CELESTIAL SHOWERS / 3. BAMBU / 4. LUNAR TUNE / 5. CADÊ JODEL? (THE BEAUTIFUL ONE) / 6. DEBUTANTE'S BALL / 7. STRAIGHT JACKET / 8. MOSQUITO (FLY) / 9. ALMAS IRMÃS / 10. MALANDRO

BLUE THUMB / 1970 - DUBAS / 2004

JET SAMBA / **MARCOS VALLE**

1. SELVA DE PEDRA / 2. JET-SAMBA / 3. BAR INGLÊS / 4. CAMPINA GRANDE / 5. ADAMS HOTEL / 6. BRASIL/MÉXICO / 7. CATEDRAL / 8. VEM / 9. PREVISÃO DO TEMPO / 10. POSTO 9 / 11. ESPERANDO O MESSIAS / 12. LA PETIT VALSE

DUBAS / 2006

TRAVESSIA / **MILTON NASCIMENTO**

1. TRAVESSIA / 2. TRÊS PONTAS / 3. CRENÇA / 4. IRMÃO DE FÉ / 5. CANÇÃO DO SAL / 6. CATAVENTO / 7. MORRO VELHO / 8. GIRA, GIROU / 9. MARIA, MINHA FÉ / 10. OUTUBRO

RITMOS/CODIL / 1967 - DUBAS / 2002

ESQUINA DE MINAS - O SOM DO BARZINHO / **AFFONSINHO**

1. NADA SERÁ COMO ANTES / 2. PAISAGEM DA JANELA / 3. AMOR DE ÍNDIO / 4. NAQUELE TEMPO / 5. PARA LENNON E MCCARTNEY / 6. CANTAR / 7. CRAVO E CANELA / 8. CANÇÃO DA AMÉRICA / 9. BOLA DE MEIA, BOLA DE GUDE / 10. CHUVA NA MONTANHA / 11. QUANDO TE VI / 12. CRIATURAS DA NOITE / 13. CAÇADOR DE MIM / 14. CLUBE DA ESQUINA

DUBAS / 2002

ESQUINA DE MINAS - DOIS LADOS DA MESMA VIAGEM / **AFFONSINHO**

1. SAN VICENTE / 2. ENCONTROS E DESPEDIDAS / 3. UM GIRASSOL DA COR DO SEU CABELO / 4. SONHO REAL / 5. TODO AZUL DO MAR / 6. LUMIAR / 7. TUDO QUE VOCÊ PODIA SER / 8. MEU MESTRE CORAÇÃO / 9. O TREM AZUL / 10. MANUEL, O AUDAZ / 11. VIOLA VIOLAR / 12. FÉ CEGA, FACA AMOLADA / 13. ROUPA NOVA / 14. CLUBE DA ESQUINA Nº 2

DUBAS / 2003

CLUBE MODERNO / ESQUINA DO MUNDO

1. AQUELAS COISAS TODAS **TONINHO HORTA** / 2. SAÍDAS E BANDEIRAS **MILTON NASCIMENTO** / 3. TIRO CRUZADO **NELSON ANGELO E JOYCE** / 4. CALIBRE **LÔ BORGES** / 5. ME DEIXA EM PAZ **MILTON NASCIMENTO E ALAÍDE COSTA** / 6. LINDA **NELSON ANGELO E JOYCE** / 7. CATAVENTO **ALAÍDE COSTA** / 8. CIRCO MARIMBONDO **MILTON NASCIMENTO E CLEMENTINA DE JESUS** / 9. CLUBE DA ESQUINA **MILTON NASCIMENTO** / 10. MONTE AZUL **BETO GUEDES** / 11. CHUVA NA MONTANHA **LÔ BORGES** / 12. NADA SERÁ COMO ANTES **ELIS REGINA** / 13. VERA CRUZ **MILTON NASCIMENTO** / 14. CLUBE DA ESQUINA 2 **NANA CAYMMI**

DUBAS / 2005

TERRA DOS PÁSSAROS / **TONINHO HORTA E ORQUESTRA FANTASMA**

1. CÉU DE BRASÍLIA / 2. DIANA / 3. DONA OLÍMPIA / 4. VIVER DE AMOR / 5. PEDRA DA LUA / 6. SERENADE / 7. AQUELAS COISAS TODAS / 8. FALSO INGLÊS / 9. TERRA DOS PÁSSAROS | BEIJO PARTIDO / 10. NO CARNAVAL

RONALDO BASTOS E TONINHO HORTA / 1979 - DUBAS / 2008

TEMPOS DIFERENTES / **NELSON ANGELO**

1. RELEMBRANDO A CONTRADANÇA / 2. O CAMINHO E A PAISAGEM / 3. MANHÃ NO PLANETA / 4. ESTAÇÃO CONFRADES / 5. RECIFE / 6. COISAS DE BALADA / 7. THE RED BLOUSE / 8. TROMBONE / 9. LULLABY OF BIRDLAND / 10. A VIDA LEVA / 11. ITAOBIM

DUBAS / 2007

NUVEM CIGANA - THE CLUBE DA ESQUINA YEARS / **RONALDO BASTOS**

1. CANÇÃO POSTAL **LÔ BORGES** / 2. AMIGO, AMIGA **MILTON NASCIMENTO** / 3. CHOVEU **BETO GUEDES** / 4. DONA OLÍMPIA **NANA CAYMMI** / 5. NUVEM CIGANA **MILTON NASCIMENTO** / 6. O TREM AZUL **LÔ BORGES** / 7. MEUS VINTE ANOS **JOYCE & NELSON ANGELO** / 8. CODAJÁS **DANILO CAYMMI** / 9. CAIS **MILTON NASCIMENTO** / 10. NOITES DE JUNHO **FLAVIO VENTURINI** / 11. CORAÇÃO **ALAÍDE COSTA** / 12. FÉ CEGA, FACA AMOLADA **MILTON NASCIMENTO & BETO GUEDES** / 13. UM GOSTO DE SOL **MOMO** / 14. CIDADE NOVA **EDU LOBO**

DUBAS / 2012

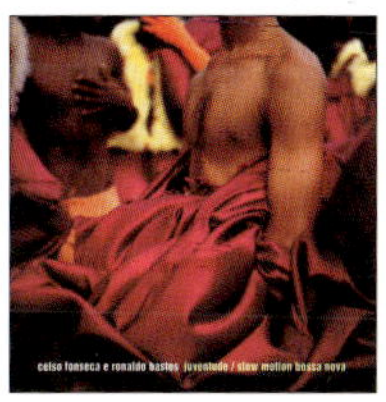

JUVENTUDE / SLOW MOTION BOSSA NOVA / **CELSO FONSECA E RONALDO BASTOS**

1. SAMBA É TUDO / 2. SATÉLITE BAR / 3. O QUE RESTOU DO NOSSO AMOR / 4. SLOW MOTION BOSSA NOVA / 5. VALEU / 6. LEDUSHA COM DIAMANTES / 7. A VOZ DO CORAÇÃO / 8. DYLAN EM MADRID / 9. FEITO PRA VOCÊ / 10. MILES AHEAD OF TIME / 11. O SORRISO DE ANGKOR / 12. MEU CARNAVAL / 13. LA PIÙ BELLA DEL MONDO | A VOZ DO MORRO / 14. JUVENTUDE

DUBAS / 2001

POLAROIDES / **CELSO FONSECA E RONALDO BASTOS**

1. SATÉLITE BAR / 2. DENISE BANDEIRA / 3. ELA VAI PRO MAR / 4. MEU TUDO PRA MIM / 5. LA PIÙ BELLA DEL MONDO | A VOZ DO MORRO / 6. POLAROIDES / 7. MY BROKEN HEART / 8. SAMBA É TUDO / 9. VALEU / 10. OUT OF THE BLUES / 11. A NOITE É MEU ÓPIO / 12. LEDUSHA COM DIAMANTES / 13. SLOW MOTION BOSSA NOVA / 14. SORTE

DUBAS / 2006

LIEBE PARADISO / **CELSO FONSECA E RONALDO BASTOS**

LADO A 1. PARADISO / 2. FLOR DA NOITE / 3. CANDEEIRO / 4. QUANTO TEMPO | MINOS | VENTO AZUL / 5. VOCÊ NÃO SACOU / **LADO B** 1. ELA VAI PRO MAR / 2. O TEMPO NÃO PASSOU / 3. DENISE BANDEIRA / 4. POLAROIDES / 5. ALMA DE PIERRÔ / 6. A THING OF BEAUTY | JUVENTUDE

DUBAS / 2012

OUTUBRO / **FERNANDO BRANT**

1. VEVECOS, PANELAS E CANELAS **BETO GUEDES** / 2. OUTUBRO **MILTON NASCIMENTO** / 3. PONTA DE AREIA **NANA CAYMMI** / 4. PAISAGEM DA JANELA **LÔ BORGES** / 5. CANÇÃO DA AMÉRICA **ELIS REGINA** / 6. O QUE FOI FEITO DEVERA **GONZAGUINHA** / 7. SAN VICENTE **MILTON NASCIMENTO** / 8. SAUDADE DOS AVIÕES DA PANAIR **ELIS REGINA** / 9. MANUEL, O AUDAZ **TONINHO HORTA** / 10. CANÇÕES E MOMENTOS **MARIA BETHÂNIA** / 11. FRUTA BOA **TITO MADI** / 12. CORAÇÃO CIVIL **NEY MATOGROSSO** / 13. ITAMARANDIBA **SIMONE** / 14. PAIXÃO E FÉ **TAVINHO MOURA** / 15. TRAVESSIA **MILTON NASCIMENTO**

DUBAS / 2002

TODO DIA É DIA D / **TORQUATO NETO**

1. GELÉIA GERAL **GILBERTO GIL** / 2. MINHA SENHORA **GAL COSTA** / 3. A RUA **GILBERTO GIL** / 4. MAMÃE, CORAGEM **NARA LEÃO** / 5. LOUVAÇÃO **GILBERTO GIL** / 6. A COISA MAIS LINDA QUE EXISTE **GAL COSTA** / 7. LET'S PLAY THAT **JARDS MACALÉ** / 8. VELEIRO **ELIS REGINA** / 9. LUA NOVA **EDU LOBO** / 10. TRÊS DA MADRUGADA **GAL COSTA** / 11. TODO DIA É DIA D **GILBERTO GIL** / 12. PRA DIZER ADEUS **EDU LOBO E MARIA BETHÂNIA** / 13. CANTIGA **NANA CAYMMI** / 14. COMEÇAR PELO RECOMEÇO **LUIZ MELODIA**

DUBAS / 2002

BELÊ / **AFFONSINHO**

1. VAGALUMES / 2. NUVEM BOA / 3. CAUSA E EFEITO / 4. GAMADO PELO SAMBA / 5. AQUELA BOSSA AXÉ / 6. PARA EL DOLOR / 7. BELÊ / 8. SENZA FINE / 9. POR AÍ / 10. BEIJO EM VIDEOTAPE / 11. BORBOLETOU / 12. ESTRELAS DE ESTRELAS

DUBAS / 2006

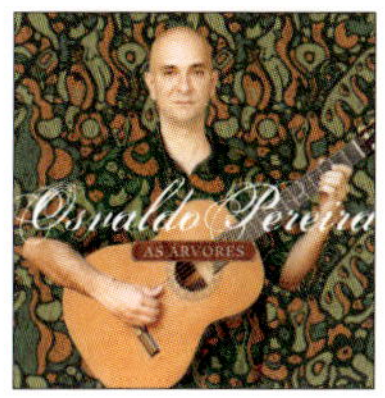

AS ÁRVORES / **OSVALDO PEREIRA**

1. AS ÁRVORES / 2. SORRISO / 3. O ARTISTA QUE MUDOU DE PROFISSÃO / 4. MEU LUGAR / 5. O VENTO NO BAMBUZAL / 6. TORPES SENSAÇÕES / 7. RUA DOS INVENTOS / 8. POENTE / 9. HINO DA C.A.F.E.R.J. / 10. DINHEIRO / 11. TODA CIDADE / 12. IDÉIAS

DUBAS / 2005

ÁGUA LUSA / **JUSSARA SILVEIRA**

1. NA COMPANHIA DE FADISTAS [FADO MARGARIDAS] / 2. VOU NUM RIO [FADO LICAS] / 3. MEU AMOR ABRE A JANELA [FADO SANTA LUZIA] / 4. O MAR FALA DE TI / 5. CANTIGA DO LADRÃO / 6. VOLTAREI À MINHA TERRA / 7. UMA CANÇÃO POR ACASO / 8. BEIJO ALENTEJANO / 9. O NOME DO MAR / 10. SEREIA [FADO MENOR DO PORTO] / 11. QUASE A AMANHECER

DUBAS / 2013

PRESENTE / **DELIA FISCHER**

1. VOZES NO MAR / 2. DAS PLANTAS / 3. ALUVIÃO / 4. NASCIMENTO DA VÊNUS / VENUS FÖDELSE / 5. DAS ÁGUAS / 6. SOZINHEZA / 7. MERCADO / 8. ARAÇAGY / 9. FLOR DA NOITE / 10. DONA DO PARQUE / 11. O MAR E A SEREIA / 12. PRESENTE / 13. MINHA AVÓ

DUBAS / 2010

ILHAS CRISTAIS / **TITO MADI**

1. ILHAS CRISTAIS / 2. DANÇADOR / 3. VOZ E SUOR / 4. ÁGUAS PASSADAS / 5. NASCENTE / 6. CANÇÃO ÁRABE / 7. NOITE DE FICAR SOZINHO / 8. QUE ASSIM SEJA / 9. POR CAUSA DESSA CABOCA / 10. CANÇÃO PARA CONSERVATÓRIA / 11. FRUTA BOA / 12. PAPÉIS ANTIGOS / 13. O VENTO QUE SOPROU / 14. NOVA CANÇÃO PARA MINHA TERRA / 15. VALSA FELIZ / 16. CELOS / 17. QUANDO CHEGA A PRIMAVERA

DUBAS / 2001

NA CADÊNCIA DO SAMBA / **ARRANCO DE VARSÓVIA**

1. FORÇA DA IMAGINAÇÃO / 2. VOU BOTAR TEU NOME NA MACUMBA / 3. FALOU COM A MOÇA? / 4. TRÊS DIAS DE VENTANIA / 5. MEDIDAS PROVISÓRIAS / 6. BADÊJO OU BADÉJO / 7. E O QUE ME IMPORTA, SE EU TIRO O DOMINGO PRA SAMBAR? / 8. NÃO QUERO MAIS / 9. CABELO PIXAIM / 10. CONSELHO / 11. 1X0 (UM A ZERO) / 12. NA CADÊNCIA DO SAMBA (QUE BONITO É) / 13. FUTEBOL / 14. SAI DESSA

DUBAS / 2005

WAVE / NÓS E O MAR

1. MORENA DOS OLHOS D'ÁGUA **GAL COSTA** / 2. JOÃO VALENTÃO **CAETANO VELOSO** / 3. CANTO DE YEMANJÁ **JOYCE** / 4. CORRIDA DE JANGADA **EDU LOBO** / 5. MILAGRE **JUSSARA SILVEIRA** / 6. A OSTRA E O VENTO **CHICO BUARQUE** / 7. WAVE **NARA LEÃO** / 8. NÓS E O MAR **LÚCIO ALVES** / 9. DOMINGO AZUL DO MAR **WANDA SÁ** / 10. DESEJO DO MAR **JOHNNY ALF** / 11. BRISA DO MAR **NANA CAYMMI** / 12. VELEIRO AZUL **LUIZ MELODIA** / 13. O JANGADEIRO **ALAÍDE COSTA** / 14. O MAR É MEU CHÃO **DORI CAYMMI**

DUBAS / 2002

LET'S WALTER WANDERLEY / **WALTER WANDERLEY**

1. BATUCADA SURGIU / 2. VOU DE SAMBA COM VOCÊ / 3. DEIXA ISSO PRA LÁ / 4. VIVO SONHANDO / 5. BERIMBAU / 6. GIMBO / 7. BICHO DO MATO / 8. SAMBA DE VERÃO / 9. TELEFONE / 10. MAR, AMAR / 11. POR CAUSA DE VOCÊ MENINA / 12. MISS BIQUINI / 13. CHOVE CHUVA / 14. VOCÊ

DUBAS / 2003

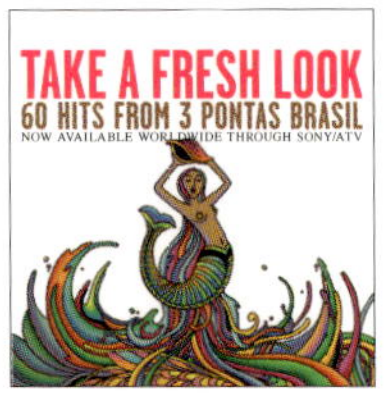

TAKE A FRESH LOOK / 3PONTAS

1. O TREM AZUL **ELIS REGINA** / 2. CRAVO E CANELA **MILTON NASCIMENTO** / 3. ROUPA NOVA **BETO GUEDES** / 4. SORTE **CAETANO VELOSO & GAL COSTA** / 5. PONTA DE AREIA **MILTON NASCIMENTO & WAYNE SHORTER** / 6. NADA SERÁ COMO ANTES **MILTON NASCIMENTO & BETO GUEDES** / 7. CANÇÕES E MOMENTOS **MARIA BETHÂNIA & MILTON NASCIMENTO** / 8. AMOR DE ÍNDIO **BETO GUEDES** / 9. PAISAGEM DA JANELA **LÔ BORGES** / 10. NASCENTE **FLAVIO VENTURINI & MILTON NASCIMENTO** / 11. SLOW MOTION BOSSA NOVA **CELSO FONSECA** / 12. ENCONTROS E DESPEDIDAS **MARIA RITA** / 13. CHUVA DA MONTANHA **LÔ BORGES** / 14. CAIS **CAETANO VELOSO** / 15. CANÇÃO DA AMÉRICA (UNENCOUNTER) **MILTON NASCIMENTO** / 16. FÉ CEGA, FACA AMOLADA **MILTON NASCIMENTO & BETO GUEDES** / 17. SOL DE PRIMAVERA **BETO GUEDES** / 18. MEU MESTRE CORAÇÃO **MILTON NASCIMENTO** / 19. NOTHING WILL BE AS IT WAS (NADA SERÁ COMO ANTES) **SARAH VAUGHAN** / 20. SATÉLITE BAR **CELSO FONSECA** / 21. CRUZADA **BETO GUEDES** / 22. TODO AZUL DO MAR **14 BIS** / 23. MARIA, MARIA **MILTON NASCIMENTO** / 24. OUTONO NO RIO **ED MOTTA** / 25. DEZ MAIS UM AMOR **ED MOTTA** / 26. BOLA DE MEIA, BOLA DE GUDE **14 BIS** / 27. MY BROKEN HEART **CHIARA CIVELLO** / 28. BLUE TRAIN (O TREM AZUL) **ANTONIO CARLOS JOBIM** / 29. DIANA **TONINHO HORTA** / 30. NOITES COM SOL **FLAVIO VENTURINI** / 31. LOVE AND PASSION (AMOR E PAIXÃO) **SARAH VAUGHAN & MILTON NASCIMENTO** / 32. OLHOS NEGROS **JOHNNY ALF & CAETANO VELOSO** / 33. RAÇA **MILTON NASCIMENTO** / 34. UM CERTO ALGUÉM **LULU SANTOS** / 35. CHUVA DE PRATA **GAL COSTA** / 36. O VENDEDOR DE SONHOS **MILTON NASCIMENTO & PAUL SIMON** / 37. BEIJA-FLOR **FLAVIO VENTURINI** / 38. VENDAVAL **ED MOTTA** / 39. UNENCOUNTER (CANÇÃO DA AMÉRICA) **MILTON NASCIMENTO** / 40. SAMBA DO SOHO **ASTRUD GILBERTO & PAULO JOBIM** / 41. COISAS DE BALADA **SIMONE** / 42. CREDO **MILTON NASCIMENTO** / 43. SAN VICENTE **MERCEDES SOSA** / 44. CAXANGÁ (ESCRAVOS DE JÓ) **ELIS REGINA** / 45. BONS AMIGOS **NANA CAYMMI** / 46. O QUE FOI FEITO DEVERA **GONZAGUINHA** / 47. BESAME **FLAVIO VENTURINI** / 48. MY NIGHTINGALE **MARCOS VALLE** / 49. MILAGRE DOS PEIXES **MILTON NASCIMENTO & WAYNE SHORTER** / 50. MANUEL, O AUDAZ **TONINHO HORTA** / 51. O MEDO DE AMAR É O MEDO DE SER LIVRE **BETO GUEDES** / 52. MISTÉRIOS **MILTON NASCIMENTO** / 53. SOLAR **GAL COSTA** / 54. LA FUERZA DE AMAR (A FORÇA DO AMOR) **CHAYANNE** / 55. NÃO DIGA NADA **PRÊNTICE** / 56. ITAMARANDIBA **SIMONE** / 57. TESOURO DA JUVENTUDE **BETO GUEDES** / 58. PAIXÃO E FÉ **MILTON NASCIMENTO** / 59. AQUI, OH! **TONINHO HORTA** / 60. PARA LENNON E MCCARTNEY **MILTON NASCIMENTO**

MP3CD PARA USO PROMOCIONAL / *FOR PROMOTIONAL USE ONLY*

SAMBA E PROGRESSO / **ARRANCO DE VARSÓVIA**

1. QUEM É DE SAMBAR / 2. PRA QUE DISCUTIR COM MADAME / 3. O ARRANCO DE VARSÓVIA / 4. MAS QUEM DISSE QUE EU TE ESQUEÇO / 5. NEGA DO CABELO DURO / 6. SÃO PAULO RIO / 7. O SOL NASCERÁ / 8. QUEM ME VÊ SORRINDO / 9. TIVE SIM / 10. E O QUE ME IMPORTA SE EU TIRO O DOMINGO PRA SAMBAR? / 11. FALOU COM A MOÇA? / 12. SAI DESSA / 13. BADEJO OU BADÉJO / 14. CABELO PIXAIM / 15. FORÇA DA IMAGINAÇÃO / 16. EM BOA HORA

DUBAS / 2008

FLOR BAILARINA / **JUSSARA SILVEIRA**

1. CANTA MEU SEMBA / 2. CARAPINHA DURA / 3. LEMBA / 4. ANGOLANO SEGUE EM FRENTE (INCIDENTAL POEMA: "O CERCADO") / 5. OS MENINOS DO HUAMBO / 6. FLOR BAILARINA / 7. EH UA CALUNGA (CALUNGA) / 8. NOITE DE LUAR / 9. RAMIRO / 10. MARIQUINHA / 11. MUXIMA

DUBAS / 2012

ABSTRAIA, BABY / **LUCIANO SALVADOR BAHIA**

1. NENHUM / 2. TANGO DO MAL / 3. A NOITE DE ONTEM NUNCA ACONTECEU / 4. NÃO PRECISA / 5. MADAME GENTE FINA / 6. RUIM / 7. NEM VENHA / 8. VERGONHA / 9. APOSTO / 10. VÔO DAS ONZE / 11. MACIOTA

DUBAS / 2013

MODERNA NOSTALGIA BRASIL

1. SAMBA DE VERÃO **DÓRIS MONTEIRO** / 2. RIO **LÚCIO ALVES** / 3. FOLHA DE PAPEL **SÉRGIO RICARDO** / 4. VOCÊ **DICK FARNEY E NORMA BENGELL** / 5. SAMBA DE UMA NOTA SÓ **OS CARIOCAS** / 6. ÁGUA DE BEBER **QUARTETO EM CY E TAMBA TRIO** / 7. CANTO DE OSSANHA **AGOSTINHO DOS SANTOS** / 8. O SOL NASCERÁ **NARA LEÃO** / 9. SE VOCÊ DISSER QUE SIM **ELIZETE CARDOSO** / 10. SE É TARDE ME PERDOA **CARLOS LYRA** / 11. FOTOGRAFIA **SYLVIA TELLES** / 12. EU E A BRISA **JOHNNY ALF** / 13. DINDI **MAYSA** / 14. CHOVE LÁ FORA **TITO MADI**

DUBAS / 2003

FEITO PARA OUVIR / **EMÍLIO SANTIAGO**

1. BEIJO PARTIDO / 2. MARIA (ME PERDOE, MARIA) / 3. PONTO FINAL / 4. O QUE É AMAR / 5. ÚLTIMA FORMA / 6. TRISTEZA DE NÓS DOIS / 7. RUA DESERTA / 8. MENTIRAS / 9. SE PELO MENOS VOCÊ FOSSE MINHA / 10. O QUE FAÇO PRA ESQUECER? (E AGORA?) / 11. OLHA MARIA

PHONOGRAM/PHILIPS / 1977 – DUBAS / 2009

A BOSSA NEGRA / **ELZA SOARES**

1. TENHA PENA DE MIM (AI, AI, MEU DEUS) / 2. BOATO / 3. FALA BAIXINHO / 4. MARAMBAIA / 5. O SAMBA ESTÁ COM TUDO / 6. CADEIRA VAZIA / 7. PERDÃO / 8. BEIJA-ME / 9. O BILHETE / 10. O SAMBA BRASILEIRO / 11. AS POLEGADAS DA MULATA / 12. EU QUERO É SORONGAR

ODEON / 1961 - DUBAS / 2003

ZAMBA BEN / **MARKU RIBAS**

1. ZI-ZAMBI / 2. CRUZEIRO DO SOL / 3. MEU SAMBA REGUÊ / 4. TIRA TEIMA / 5. ZAMBA BEN / 6. CURUMIN / 7. Ô MULHER / 8. BRAZIL COM Z / 9. COISAS DE MINAS / 10. QUEM SOU EU? / 11. BARRANKEIRO / 12. JULIA / 13. KAZUMBANDA

DUBAS / 2007

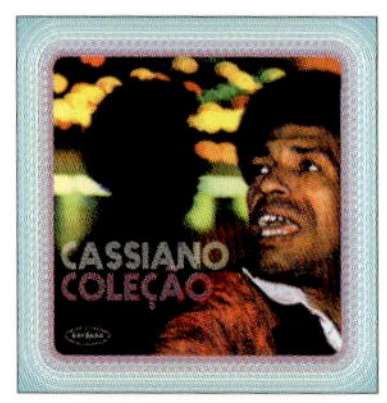

COLEÇÃO / **CASSIANO**

1. COLEÇÃO / 2. DE BAR EM BAR / 3. MELISSA / 4. É ISSO AÍ / 5. HOJE É NATAL / 6. SALVE ESSA FLOR / 7. NÃO FIQUE TRISTE / 8. CEDO OU TARDE / 9. ANA / 10. JÁ / 11. UMA LÁGRIMA / 12. A CASA DE PEDRA / 13. A LUA E EU / 14. SAIA DESSA FOSSA

DUBAS, 2000

ALAÍDE COSTA

1. SONHO DE UM CARNAVAL / 2. PRECONCEITO / 3. TERRA DE NINGUÉM / 4. ESTOU SÓ / 5. HISTÓRIA DE UMA CRIANÇA / 6. TUDO O QUE É MEU / 7. A VOZ DO POVO / 8. ONDE ESTÁ VOCÊ / 9. O JANGADEIRO / 10. NOITE SÓ / 11. PRECISO APRENDER A SER SÓ / 12. DIZ

SOM MAIOR / 1965 - DUBAS / 2002

BAR DO MINEIRO

1. FEITIÇO **CAETANO VELOSO E JORGE MAUTNER** / 2. HOJE É DIA DE FESTA **ELZA SOARES** / 3. CARIOCA **CHICO BUARQUE** / 4. SCREAM POETRY **OS PARALAMAS DO SUCESSO** / 5. GATAS EXTRAORDINÁRIAS **CÁSSIA ELLER** / 6. CAIO NO SUINGUE **PEDRO LUÍS E A PAREDE** / 7. DELAVERAVERABOOM **LAN LAN E JUSSARA SILVEIRA** / 8. ESCÂNDALOS DE LUZ **AFFONSINHO** / 9. O CIRCO CHEGOU **JORGE BEN** / 10. VOCÊ NÃO ENTENDE NADA **GAL COSTA** / 11. AQUELE ABRAÇO **GILBERTO GIL** / 12. SORRIR E CANTAR COMO BAHIA **NOVOS BAIANOS** / 13. SER BOÊMIO **LUIZ MELODIA** / 14. CORAÇÃO LEVIANO **TERESA CRISTINA E GRUPO SEMENTE** / 15. E O MUNDO NÃO SE ACABOU **NEY MATOGROSSO**

DUBAS / 2002

BAR DO MINEIRO VOL. 2

1. SOU BRASILEIRO **FERNANDA ABREU & MART'NÁLIA** / 2. BOA HORA **FINO COLETIVO & DOMENICO LANCELOTTI** / 3. EU SAMBO MESMO **ROBERTA SÁ** / 4. ZAMBA BEN **MARKU RIBAS** / 5. A ORDEM É SAMBA **NEY MATOGROSSO & PEDRO LUÍS E A PAREDE** / 6. XUXA PRETA **BOATO** / 7. PAQUISTÃO **LUIZ MELODIA** / 8. SEBASTIANA **GAL COSTA** / 9. COM QUALQUER DOIS MIL RÉIS **NOVOS BAIANOS** / 10. EU HEIN, ROSA! **ELIS REGINA** / 11. QUEM ME SALVA É O SAMBA **LELEO** / 12. FEIJOADA COMPLETA **CHICO BUARQUE** / 13. LATA D'ÁGUA **ELZA SOARES** / 14. RUMO DOS VENTOS **PAULINHO DA VIOLA**

DUBAS / 2009

ENTRE, LEIA E OUÇA

1. DEVAGAR COM A LOUÇA **ELZA SOARES** / 2. NANÃ **SERGIO MENDES E BOSSA RIO** / 3. PRIMAVERA **CASSIANO** / 4. WAVE **WILSON DAS NEVES** / 5. O ANJO DA NOITE **JUSSARA SILVEIRA** / 6. PARA XÓ **MORENO + 2** / 7. JET-SAMBA **MARCOS VALLE** / 8. BARATO TOTAL **GAL COSTA** / 9. O HOMEM DA GRAVATA FLORIDA **JORGE BEN** / 10. FOLHAS SECAS **ELIS REGINA** / 11. FOR NO ONE **CAETANO VELOSO** / 12. SÓ TINHA DE SER COM VOCÊ **QUARTETO JOBIM-MORELENBAUM** / 13. KARY E OKA **MEIRELLES E OS COPA 5** / 14. ENTRE E OUÇA **ED MOTTA**

DUBAS / 2006

FINO COLETIVO

1. BOA HORA / 2. TARJA PRETA | FAFÁ / 3. DRAGÃO / 4. NA MAIOR ALEGRIA / 5. PARTIU PARTINDO / 6. UIRAPURU / 7. MÃO NA LUVA / 8. UMA RAIZ, UMA FLOR / 9. POEMA DE MARIA ROSA / 10. HORTELÃ / 11. TEMPESTADE / 12. MEDO DA BRIGA

DUBAS / 2007

SIMPLESMENTE / **OS THE DARMA LÓVERS**

1. SIMPLESMENTE / 2. CANÇÃO PARA MINHA MORTE / 3. O HOMEM QUE CALCULAVA / 4. A TEIA DA TELA / 5. GIGANTE / 6. SRTA. SAUDADE DA SILVA / 7. JÚLIA / 8. SEM EIRA NEM BEIRA / 9. GENTE DE CLASSE / 10. LÚ & SÚ / 11. A LÓGICA DA LIBERDADE / 12. HEY! (SOBRE TEUS PASSOS)

DUBAS / 2009

RITMO EXPLOSIVO / **PARAPHERNALIA**

1. 22 DE SETEMBRO / 2. ABETRUTA / 3. A FÚRIA DO DRAGÃO / 4. PARAQUEDAS / 5. NU FLAVA / 6. CHAMPAGNE / 7. PALHAÇO BIRICO / 8. REI SALOMÃO / 9. COM CURRY POR FAVOR / 10. 24 DE MARÇO / 11. SALVEM AS BALEIAS

PIMBA / 2011

A ESTÉTICA DO RABISCO / **MOMO**

1. COMPRIMIDO / 2. FLORES DO BEM / 3. LEÃO / 4. TEMPESTADE / 5. SEGREDO NÃO SE DIZ / 6.VINHETA TÃO FELIZ / 7. TÃO FELIZ / 8. BOM SUAR / 9. SOLUÇO A DOIS / 10. SEM TEMPO / 11. ADIOS

DUBAS / 2006

SERENADE OF A SAILOR / **MOMO**

1. TENHO QUE SEGUIR / 2. BLUE BIRD / 3. SHINING STAR / 4. PESCADOR / 5. WAKE ME UP / 6. SOLITUDE / 7. MY SEA / 8. O MORRO / 9. BARCO / 10. MADELAINE / 11. SERENADE OF A SAILOR

PIMBA / 2011

BOSSA DUBAS 1 - MASTERED FOR iTUNES

1. QUEM DIZ QUE SABE **JOÃO DONATO** / 2. LÁ VEM A BAIANA **JUSSARA SILVEIRA** / 3. SAMBA É TUDO **CELSO FONSECA & RONALDO BASTOS** / 4. SOLO **MEIRELLES E OS COPA 5** / 5. O QUE ACONTECEU **OS RITMISTAS** / 6. VEM **MARCOS VALLE** / 7. AQUELA BOSSA AXÉ **AFFONSINHO** / 8. MILAGRE **JUSSARA SILVEIRA** / 9. ADAMS HOTEL **MARCOS VALLE** / 10. DENISE BANDEIRA **CELSO FONSECA E RONALDO BASTOS** / 11. AQUELAS COISAS TODAS **TONINHO HORTA** / 12. GIRA, GIROU **MILTON NASCIMENTO** / 13. QUINTESSÊNCIA **MEIRELLES E OS COPA 5**

DUBAS / 2013

BOSSA DUBAS 2 - MASTERED FOR iTUNES

1. PARAQUEDAS (RESERVA) **PARAPHERNALIA** / 2. SLOW MOTION BOSSA NOVA **CELSO FONSECA E RONALDO BASTOS** / 3. BECO DO GUSMÃO **MEIRELLES E OS COPA 5** / 4. IFÁ **JUSSARA SILVEIRA** / 5. BANANEIRA **JOÃO DONATO** / 6. BATICUMBUM **NU BRAZ** / 7. MERCADO **DELIA FISCHER** / 8. TUDO DE BOM **LEO MINAX** / 9. JET-SAMBA **MARCOS VALLE** / 10. CARAPINHA DURA **JUSSARA SILVEIRA** / 11. TROMBONE **NELSON ANGELO** / 12. FLOR DE LARANJEIRAS **AFFONSINHO** / 13. AFINIDADE **FOCO**

DUBAS / 2013

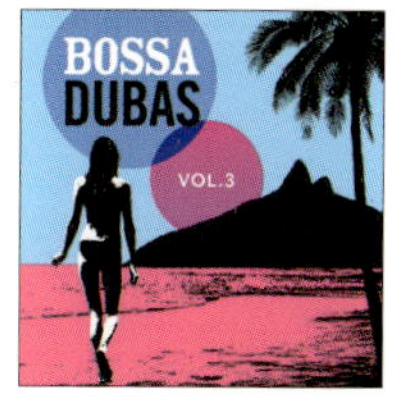

BOSSA DUBAS 3 - MASTERED FOR iTUNES

1. ELA VAI PRO MAR **LUIZ MELODIA** / 2. KARY E OKA **MEIRELLES E OS COPA 5** / 3. DESENCONTRO **JUSSARA SILVEIRA** / 4. QUERO VOCÊ **OS DESAFINADOS** / 5. ABETRUTA **PARAPHERNALIA** / 6. COME PRIMA **NU BRAZ** / 7. JODEL **JOÃO DONATO** / 8. CAUSA E EFEITO **AFFONSINHO** / 9. POSTO 9 **MARCOS VALLE** / 10. O QUE RESTOU DO NOSSO AMOR **CELSO FONSECA E RONALDO BASTOS** / 11. NASCIMENTO DA VÊNUS | VENUS FÖDELSE **DELIA FISCHER E LISA NILSSON** / 12. RELEMBRANDO A CONTRADANÇA **NELSON ANGELO** / 13. PEDRO PEDREIRO **TONINHO HORTA E CARLOS FERNANDO**

DUBAS / 2013

SINFÔNICO / **TAVINHO MOURA**

1. NOITES DO SERTÃO / 2. AMORMEUZINHO / 3. AS MENINAS NO TREM DE SABARÁ / 4. SAUDADE EU CANTO ASSIM / 5. PAIXÃO E FÉ / 6. VIAGEM DAS MÃOS / 7. O QUE SERÁ DE NÓS / 8. EM VOLTA DO FOGO / 9. ENCONTRO DAS ÁGUAS / 10. A GRANDE GRAÇA / 11. GENTE QUE VEM DE LISBOA / 12. CRUZADA / 13. CHICO, O CAMINHADOR / 14. CONSPIRAÇÃO DOS POETAS / 15. RIO DOCE / 16. ENGENHO TRAPIZONGA

DUBAS / 2009

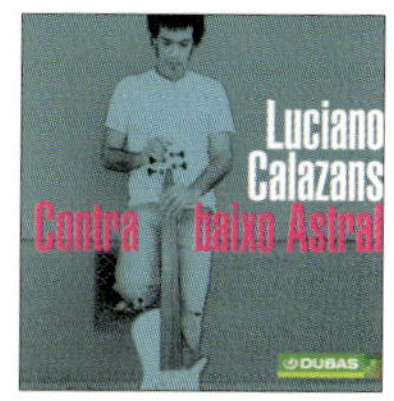

CONTRA BAIXO ASTRAL / **LUCIANO CALAZANS**

1. VIRTUOSE - ESTUDO Nº 01 / 2. MEU GUME / 3. EU E MIM / 4. PAPAGAIO DO FUTURO / 5. UMA TARDE NO SERTÃO / 6. HIPXÉ / 7. DIVINA / 8. FIGURINHAS / 9. PIMENTA / 10. VALSINHA / 11. BASTOLANDO / 12. UM CHORO PRA AUGUSTA

WR / 2003 - DUBAS / 2009

INSANO / **SAMBÊ**

1. QUEBRA-QUEIXO / 2. O DOCE DA MORENA / 3. REI NEGUINHO / 4. CIDADE GRANDE / 5. NA FEIRA / 6. DA PORTA DA MINHA JANELA / 7. SAMBA DE PARTIDO BAIXO / 8. SONETO / 9. GROOVE PE / 10. BLUES DE CORDEL / 11. CARNAVAL

SAN B / 2006 - DUBAS / 2009

House Industries

Fotos de / *Photos by* Clever Barbosa

Aprendi a amar a música e as capas de disco ao mesmo tempo. Na juventude, enquanto mergulhava de cabeça na música popular, através de minha carreira como compositor e produtor de discos, tive a sorte de conhecer pessoas que refinaram o meu gosto pelo design gráfico.

Sem ter a formação nem a habilidade técnica de um fotógrafo ou um designer, durante muitos anos fui levado a tirar meu sustento da concepção e realização de capas. A experiência acabou treinando meus olhos para encontrar uma síntese visual que expressasse o mesmo conceito idealizado na produção de um disco e nas canções ali contidas. Agradeço especialmente a Noguchi, Kélio Rodrigues, Rico Lins e Cafi, que foi meu principal parceiro desde o tempo dos clubes das esquinas e das estradas que percorremos fotografando nuvens, circos e pessoas.

Desde o início da Dubas em 1993, para que o conceito gráfico da gravadora se solidificasse, optamos por trabalhar, em diferentes épocas, com um profissional ou um grupo de profissionais de cada vez. O nosso encontro com a 6D ampliou e consolidou um estilo, que agora temos o privilégio de mostrar neste livro. Vemos cada disco como uma obra de arte, buscando envolver as pessoas com este objeto que contém música, poesia, história, informação, imagens, estilo e emoção. E, enquanto nos entendemos por música, nos divertimos muito buscando a cor e a forma do som.

I learned to love music and album covers at the same time. In my youth, while I was immersed in popular music, through my career as a composer and record producer, I was lucky enough to get to know people who refined my taste in graphic design.

Without any training or technical skills as a photographer or as a designer, for many years I worked on the conception and making of record covers. The experience trained my eyes to find a visual synthesis that expressed the same idealized concept in the production of an album and its songs. I would especially like to thank Noguchi, Kélio Rodrigues, Rico Lins and Cafi, who has been my main partner since the time of the "clubes das esquinas" [corner clubs] and the roads that we travelled photographing clouds, circuses and people.

Since the beginning of Dubas, in 1993, we decided to work, at different times, with an expert or a group of experts, at any one time, in order to establish the graphic concept of the record company. Our partnership with 6D broadened and consolidated a style, which we now have the privilege to display in this book. We see each album as a work of art, seeking to involve people with this object that contains music, poetry, history, information, images, style and emotion. We have a great deal of enjoyment looking for the color and the form of the sound, while we interpret the music.

Ronaldo Bastos

Ainda criança, passava os almoços de fim de semana ouvindo as histórias do meu avô e seus parceiros pelas ruas do Rio Antigo. Mais tarde, já menino, fazia questão de abrir as sacolas que as gravadoras entregavam semanalmente lá em casa. Entre mpb, rocks, reggaes e pops, escolhi e conheci a música brasileira. *Urubu* do Tom, *Amazonas* do Donato, *Essa mulher* da Elis, *Almanaque* do Chico e o *Partido muito alto* de Nei Lopes e Wilson Moreira não saiam do toca-discos.

Neto de compositor e filho de jornalista, fui estudar design na esperança de um dia fazer uma capa de verdade. O encontro com o Ronaldo e a Dubas em 2001 foi uma segunda faculdade. Aprendi o que era e como se fazia, não só uma capa mas um disco completo - conceito, informação, imagem e som.

Os discos foram sendo criados, um a um, com a colaboração de um time maravilhoso de designers, fotógrafos, artistas plásticos e ilustradores. Quase 120 capas depois, vejo um catálogo muito diverso mas com unidade estética, firme na qualidade e propositalmente simples.

Nas nossas conversas entre um desenho e outro, o Ronaldo fala que faz música, mas o que ele gosta mesmo é fazer capa. Pra mim, desenhar capas é também fazer música.

When I was still a child, I used to spend my lunchtimes at weekends listening to stories from my grandfather and his friends in the streets of Rio Antigo. Much later, when I was already a boy, I liked to open the bags that the recording companies used to deliver on a weekly basis to our house. Among MPB, rock, reggae and pop music, I chose and got to know Brazilian music. Urubu *by Tom Jobim,* Amazonas *by João Donato,* Essa mulher *by Elis Regina,* Almanaque *by Chico Buarque and* Partido muito alto *by Nei Lopes and Wilson Moreira never left the record player.*

The grandson of a composer and the son of a journalist, I studied design in the hope that one day I would make a real record cover. The meeting with Ronaldo and Dubas, in 2001, was like going to college for a second time. I learned what it was and how to make, not only an album cover but also a complete record – the concept, information, image and sound.

The records were being created, one by one, with the collaboration of a marvelous team of designers, photographers, artists, and illustrators. Almost 120 covers later, I can see a very diverse catalog with an esthetic unity, unwavering in quality and purposefully simple.

In our conversations between one design and another, Ronaldo said that although he made music, what he really enjoyed was working on the cover. For me, designing covers is also like making music.

Beto Martins

ONDA INFINITA

1. ELA VAI PRO MAR (Celso Fonseca / Ronaldo Bastos)
LUIZ MELODIA
do disco / *from the album* **Liebe Paradiso**, de Celso Fonseca e Ronaldo Bastos (2011)
produzido por / *produced by* **Duda Mello e Leonel Pereda**
BRDUM1000079 / Polaroides [Gegê (Brasil e Am. Sul) / Preta Music (Resto do Mundo)] / 3Pontas (Dubas)

2. JET-SAMBA (Marcos Valle)
MARCOS VALLE
do disco / *from the album* **Jet-samba** (2005)
produzido por / *produced by* **Marcos Valle, Duda Mello e Leonel Pereda**
BRDUM0500028 / EMI Songs

3. CARAPINHA DURA (Teta Lando)
JUSSARA SILVEIRA
do disco / *from the album* **Flor bailarina - canções de Angola** (2012)
produzido por / *produced by* **Marcelo Costa e Sacha Amback**
BRMPU1100002 / Sacem (UBC)

4. AQUELA BOSSA AXÉ (Affonsinho / Ronaldo Bastos)
AFFONSINHO
do disco / *from the album* **Belê** (2006)
produzido por / *produced by* **Affonsinho, Gauguin, Marcelo Costa, Duda Mello, Leonel Pereda e Ronaldo Bastos**
BRDUM0600005 / Dubas

5. TARJA PRETA (Wado) / **FAFÁ** (Adriano Siri / Eduardo Bahia / Coelho / Risoto / Charles Almeida)
FINO COLETIVO
do disco / *from the album* **Fino coletivo** (2007)
produzido por / *produced by* **Daniel Medeiros e Fino Coletivo**
BRDUM0600079 / Dubas

6. SAMBA É TUDO (Celso Fonseca e Ronaldo Bastos)
CELSO FONSECA
do disco / *from the album* **Juventude / slow motion bossa nova** (2001)
produzido por / *produced by* **Celso Fonseca e Walter Costa**
BRDUM0100068 / Polaroides [Gegê (Brasil e Am. Sul) / Preta Music (Resto do Mundo)] / 3Pontas (Dubas)

7. JÚLIA (4Nazzo / Nenung)
OS THE DARMA LÓVERS
do disco / *from the album* **Simplesmente** (2009)
produzido por / *produced by* **Kassin e Berna Ceppas**
BRDUM0800045 / Dubas

8. SHINING STAR (Marcelo Frota)
MOMO
do disco / *from the album* **Serenade of a sailor** (2011)
produzido por / *produced by* **Marcelo Frota e Caetano Malta**
BRDUM1100013 / Pimba (Dubas)

9. COM CURRY POR FAVOR (Bernardo Bosisio)
PARAPHERNALIA
do disco / *from the album* **Ritmo explosivo** (2011)
produzido por / *produced by* **Kassin e Ricardo Garcia**
BR7L51100006 / Pimba (Dubas)

10. AS ÁRVORES (Oswaldo G. Pereira)
OSWALDO G. PEREIRA
do disco / from the album **As árvores** (2005)
produzido por / *produced by* **Luís Filipe de Lima**
BRDUM0500015 / Dubas

11. QUINTESSÊNCIA (J.T. Meirelles)
MEIRELLES E OS COPA 5
do disco / *from the album* **Esquema novo** (2005)
produzido por / *produced by* **J.T. Meirelles**
BRDUM0400013 / Dubas

Compilado por / *Compiled by* **Leonel Pereda**
Masterizado por / *Mastered by* **Luiz Tornaghi**